史记你好啊

华夏文明兴起

壹

陈建成　编著

中国铁道出版社有限公司
CHINA RAILWAY PUBLISHING HOUSE CO., LTD.

图书在版编目（CIP）数据

你好啊，史记．华夏文明兴起 / 陈建成编著．—北京：中国铁道出版社有限公司，2021.3（2021.6 重印）
ISBN 978-7-113-26296-9

Ⅰ．①你… Ⅱ．①陈… Ⅲ．①中国历史－三皇五帝时代－通俗读物 Ⅳ．① K220.9

中国版本图书馆 CIP 数据核字（2019）第 213378 号

书　　名：你好啊，史记：华夏文明兴起
作　　者：陈建成

策划编辑：聂浩智
责任编辑：孟智纯　**读者热线：**（010）63549485
插画绘制：尚祖山　李　轲　王层层　王　瑞
责任印制：赵星辰

出版发行：中国铁道出版社有限公司（100054，北京市西城区右安门西街 8 号）
印　　刷：中煤（北京）印务有限公司
版　　次：2021 年 3 月第 1 版　2021 年 6 月第 2 次印刷
开　　本：710 mm × 1 000 mm　1/16　**印张：**24.5　**字数：**500 千
书　　号：ISBN 978-7-113-26296-9
定　　价：238.00 元（全 7 册）

阅读指南

我有很多问题想问古人！
我当时也有很多问题想问古人！
读《史记》的晨晨
写《史记》的司马迁
读读《史记》，你就能穿越历史。
读《史记》的思思
史记中的人

本书包括从三皇五帝时期到夏朝、商朝、西周这段历史。

华夏文明开始于三皇五帝时期，当时中原地区有许多小小的原始部落，它们经过不断地兼并、联合，形成了部落联盟，涌现了黄帝、炎帝、尧等华夏先祖。

大禹建立夏朝后，中原大地出现了真正的国家。此后，成汤建立商朝，周武王建立周朝，华夏文明呈现出了历史上的第一次大繁荣，给我们留下了宝贵的文化遗产。

为什么读《史记》？

如果评选中国史学上最重要的一部书，想必就是《史记》了。《史记》是“二十四史”之首，是西汉史学家司马迁撰写的纪传体史书，司马迁将各个历史人物的经历用讲故事的口吻记叙下来，上至上古的黄帝，下至西汉的汉武帝，涵盖了2000多年历史。

《史记》是部“大部头”的书，它包括十二本纪、三十世家、七十列传、十表、八书，一共有130篇。《史记》最开始并不叫这个名字，因为司马迁当时的官职为太史令，所以这部书最初被称为“太史公书”。

30
世家
诸侯的传记
70
列传
其他重要人物传记
12
本纪
帝王的传记
10
表
大事年表
8
书
历代典章制度

人们常说读史可以使人明智，鉴以往可以知未来。喜欢读历史的人，对人性的理解更深刻。如果你读一读历史就会发现，历史上的人物，总是跟我们充满了相似之处。《史记》就是这样一部非常值得阅读的历史巨著，读一读《史记》，孩子一定会大有收获。

司马迁的一生

1

年幼的司马迁在父亲司马谈的指导下习字读书，小有所成。

2

20 岁时，司马迁决定游历天下。他从长安出发，一路考察各地的文化。

3

回到长安后，经过司马谈的推荐担任郎中一职，后来继承了父亲的遗训，开始撰写史书。

4

司马迁因替投降匈奴的李陵说情，招致汉武帝的不满，最终司马迁身受腐刑。

5

因为《史记》没有写完，司马迁忍辱负重地活了下来。他花了 16 年的时间，忍受了极大的屈辱，才完成了这部《史记》。

6

司马迁完成《史记》的第二年就去世了，《史记》被他的女儿传承给了外孙杨恽（yùn）。杨恽向汉宣帝献上《史记》，此书才得以流传下来。

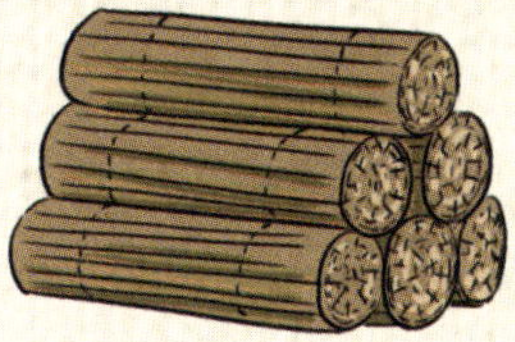

这样读《史记》更好

本书精选了《史记》中的54个重要人物（对应54张扑克牌），分成7册，通过人物故事漫画，来讲述从上古到汉武帝时代的历史，轻松，有趣，易懂。

这54个人物的选择别具匠心，他们既要史料较有趣，也要能代表某一历史时期或某一诸侯国的历史进程，还要兼顾分册的均衡性。看完这本书，可以基本理清这段历史的脉络，认识很多有趣的历史人物。

奇　人	3♥ 扁鹊	3♠ 荆轲	3♦ 陈胜	3♣ 司马相如
良　将	4♥ 樊哙	4♠ 季布	4♦ 周亚夫	4♣ 李广
能　臣	5♥ 张仪	5♠ 张骞	5♦ 苏秦	5♣ 东方朔
能　臣	6♥ 公仲朋	6♠ 蔺相如	6♦ 商鞅	6♣ 陈平
相　国	7♥ 孟尝君	7♠ 信陵君	7♦ 范雎	7♣ 伍子胥
霸　主	8♥ 齐威王	8♠ 赵武灵王	8♦ 宋襄公	8♣ 越王勾践
霸　主	9♥ 齐桓公	9♠ 晋文公	9♦ 秦穆公	9♣ 楚庄王
权倾天下	10♥ 武丁	10♠ 周厉王	10♦ 吕不韦	10♣ 吕后
一流名将	J♥ 王翦	J♠ 蒙恬	J♦ 韩信	J♣ 卫青
一流名相	Q♥ 周公旦	Q♠ 吴起	Q♦ 李斯	Q♣ 萧何
开国天子	K♥ 大禹	K♠ 成汤	K♦ 周武王	K♣ 汉高祖
哲学先贤	A♥ 姜尚	A♠ 老子	A♦ 孔子	A♣ 屈原
神奇超人	2♥ 孙膑	2♠ 张良	2♦ 项羽	2♣ 汉武帝
超级帝王	JOKER 黄帝	JOKER 秦始皇		

第一册

时间段：五帝时期、夏、商、西周。

本册选取的人物所跨的时间段比较长，包括五帝，夏朝的大禹，商朝的成汤和武丁，西周前期的周武王（加上姜尚和周公），西周后期的周厉王等，他们左右着中华早期文明史的进程。

第二册

时间段：春秋时期。

周平王的东迁开启了天子掉价的东周时代。从齐桓公称霸开始，晋楚常年争霸，宋国小霸一时，秦国称霸西北，吴越争霸东南，大动荡孕育了春秋时期的大思想家（老子、孔子）。

第三册

时间段：战国前期，从魏国崛起到齐秦争锋。

三家分晋后，战国群雄互相兼并。吴起辅助魏国首先强盛，韩（公仲朋）和秦（商鞅）也寻求崛起，但是齐国（齐威王和孙膑）却迅速做大。苏秦、张仪等人则游说各国合纵连横，让战国越发混乱。

第四册

时间段：战国后期，从赵国崛起到秦国一统。

战国后期，赵国崛起（赵武灵王，蔺相如），成了秦国最有力的对手。而秦国人才济济，国力鼎盛。其他国家只能靠公子（齐国孟尝君、魏国信陵君等）力挽狂澜，刺客（燕国荆轲）奋力一搏，文豪（楚国屈原）呼唤激情。

第五册

时间段：从秦朝建立到楚汉之争。

秦始皇和他的文臣（李斯）武将（王翦、蒙恬等），开创了大一统帝国，为后世留下许多宝贵的财富。但好景不长，秦朝苛政导致陈胜起义，其后项羽和刘邦推翻了秦朝，并且为帝位厮杀。

第六册

时间段：从刘邦建汉到吕后揽权。

刘邦带领各怀绝技的汉初三杰（张良、萧何、韩信）开创了大汉王朝。在坐江山的过程中，刘邦铲除异己，却给吕后（妹夫樊哙）开启了一个时代（陈平为相）。

第七册

时间段：从文景之治到武帝兴汉。

文帝和景帝疏财爱民，周亚夫平定了七国之乱，西汉走向强盛，开始反击匈奴，前有李广，后有卫青和霍去病。雄才大略的汉武帝还外联西域（张骞），内举贤才（东方朔），繁荣文化（司马相如），创造了大一统盛世。

全新演绎《史记》，让儿童也能感受这部史学名著的魅力，这就是这套《你好啊，史记》的终极追求。

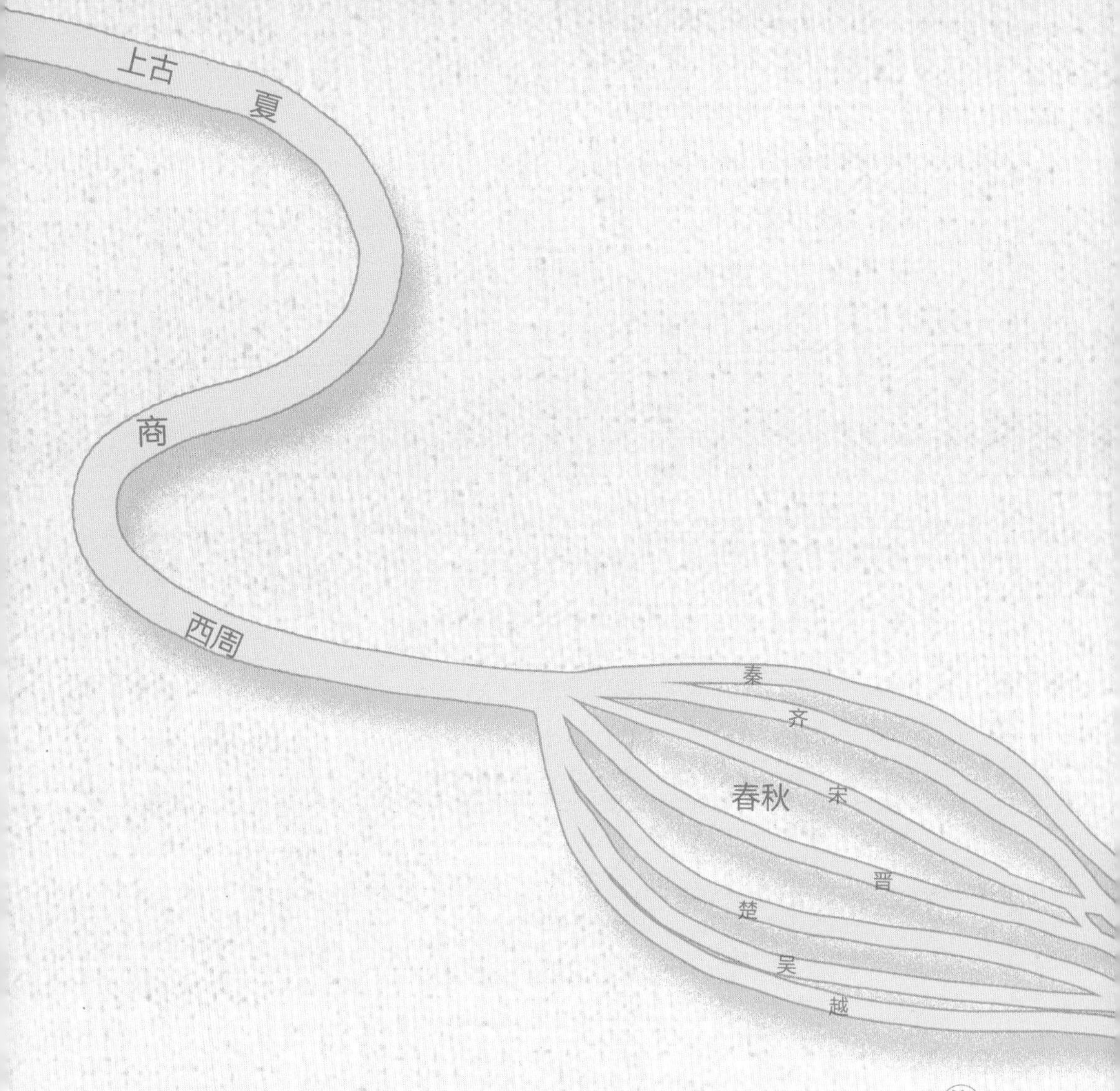
上古
夏
商
西周
秦
齐
春秋
宋
晋
楚
吴
越
东

史记

记历史

记精彩人生

记成长的动力

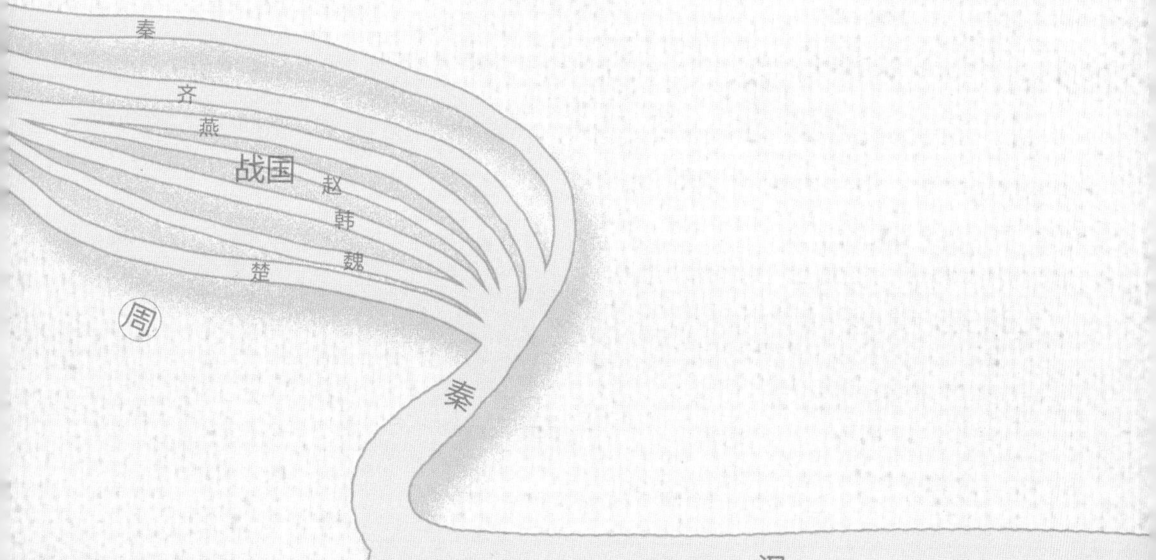

目录

1

华夏先祖黄帝

2

治水英雄大禹

3

顺应天命的成汤

4

重振大商的武丁

5

大器晚成的姜尚

主要人物：姜尚 / 周文王 / 周武王

6

开国明君周武王

主要人物：周武王 / 姜尚 / 周公

7

大公无私的周公旦

主要人物：周公旦 / 周成王 / 蔡叔

8

很任性的周厉王

主要人物：周厉王 / 荣夷公 / 召穆公

华夏先祖黄帝

出处

《史记卷一·五帝本纪第一》

黄帝是上古时期的英雄，他和炎帝从战争到结盟，并打败蚩尤部落，统一了华夏各部落，成为部落联盟首领。在他之后，有颛顼（zhuān xū）、帝喾（kù）、尧、舜等首领，不断开拓华夏文明，创造了灿烂的文化，奠定了中华民族五千年悠久历史的基础。

五帝之间的传承

黄帝是少典部族的子孙，娶嫘祖为妻，成年后先后打败炎帝和蚩尤，统一了华夏各部落。

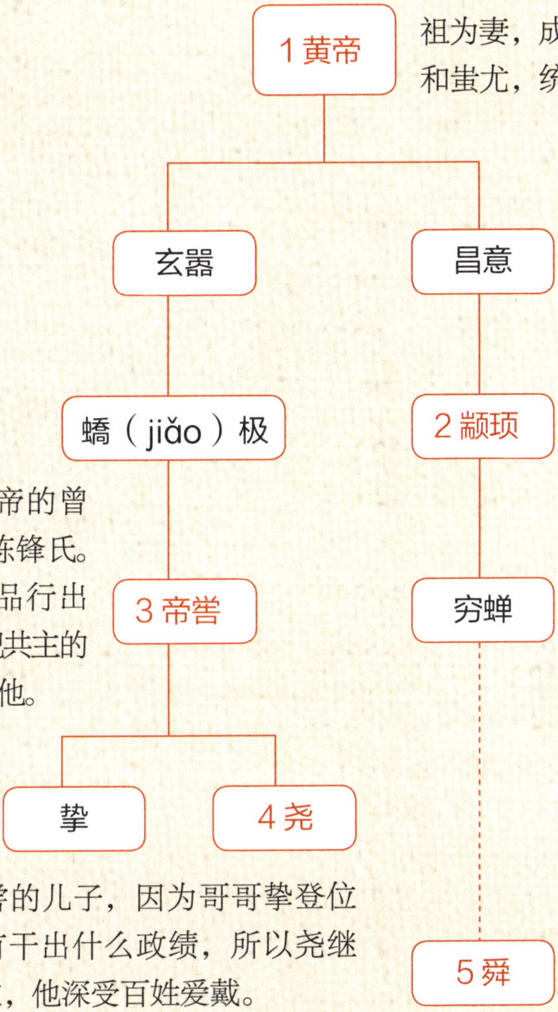

颛顼是黄帝的孙子，少年时辅佐玄嚣。黄帝死后，将位子传给颛顼，颛顼成为华夏共主。

帝喾是黄帝的曾孙，娶妻陈锋氏。因为帝喾品行出众，颛顼把共主的位置传给了他。

尧是帝喾的儿子，因为哥哥挚登位后，没有干出什么政绩，所以尧继承了帝位，他深受百姓爱戴。

舜是颛顼的后代，他的帝位是尧禅让的。舜自从当上部落联盟首领以后，兢兢业业，成为中华道德的创始人之一。

开辟新时代的黄帝

黄帝姓公孙，因为他住在轩辕之丘，所以号轩辕氏。黄帝是五帝之首，是古华夏部落联盟首领，被尊为中华“人文初祖”。据说，黄帝一生下来就很有灵性，出生不久就会说话，等到 15 岁的时候已经无所不通了，他成年以后统一了黄河流域的各个部落，因此被载入史册。

上古时期还没有出现国家，那时候都是一个个的部落。炎帝是其中一个姜姓部落的首领（炎帝是该部落首领的称呼），也是黄河流域各部落的盟主。在榆罔做炎帝的时期，他手下的一些部落无视他的存在，相互之间攻伐不休，搞得民不聊生。炎帝却一点办法都没有。

当时，黄帝开始操练军队，去征讨那些小部落，各部落的首领这才乖乖听话。

炎帝看到这些小部落的首领都听黄帝的，心里很不高兴，就想刷刷自己的存在感，所以他试图欺压其他部落。各部落首领一看不对劲儿，想要给自己找个靠山，便纷纷归顺了黄帝。

黄帝也很不高兴，他认为天下好不容易太平，炎帝的举动是在搞事情。但是黄帝比较稳重，他修行德业，整顿军旅，安抚民众，等自己强大了才跟炎帝在一个叫阪泉的地方打了一仗，之后两人又在这里发生多次冲突，每次都是黄帝赢了，从此炎帝便归服了黄帝。

当时还有个叫九黎的部落很不服气，其首领蚩尤声称自己有 81 个很厉害的兄弟，他根本不听黄帝的使唤，还发动了叛乱。

好小子，我的话都不听了！
风太大，我听不见！

这次黄帝可忍不了，他带领许多部落，跟蚩尤在涿鹿展开了一场大战，打得非常激烈，最终蚩尤败了，被黄帝抓住了。从这以后也就没人不服黄帝了，黄帝从此统一了华夏各部落。

通达而知理的颛顼

颛（zhuān）顼（xū）是黄帝的孙子，昌意的儿子。颛顼因辅佐玄嚣有功，被分封在高阳，所以号高阳氏 。

黄帝去世后，颛顼成了部落联盟首领，他鼓励人们开垦田地，按照季节办事以顺应自然规律，亲自诚敬地祭祀天地祖宗，为万民作出榜样。古代史书上说颛顼在民众中有很高的威信，他视察所到之处，都受到部落民众的热情接待。

聪明能干的帝喾

帝喾（kù）是黄帝的曾孙，因被封于辛地，所以号高辛氏。帝喾生来就很有灵气，一出生就叫出了自己的名字。他 15 岁就开始辅佐叔父颛顼。

颛顼去世后，帝喾成为部落联盟首领，深受百姓爱戴。帝喾耳聪目明，明察秋毫，顺从民意，使天下人信服。帝喾还探索天象，划分四时节令，指导人们按照节令从事农业活动。帝喾治民，像雨水浇灌农田一样不偏不倚，遍及天下，凡是日月照耀的地方，风雨所到的地方，没有人不顺从归服。

帝喾后来成了《山海经》里天帝帝俊的原型。

第一个禅让王位的尧

尧是帝喾的儿子，先后被封于陶地、唐地，因此号陶唐氏。尧成了部落联盟的首领后，制定历法、治理腐败，做了许多顺民心的事情。不过尧最为人们称道的不是他做了多少好事，而是他没有把王位传给儿子而是禅让给了被人称赞的舜。

尧在位六十多年后，他觉得自己老了，到了该找继承人的时候了，便发动放齐、欢兜、四岳等大臣，让他们来推荐人选。于是，他们就开了个讨论会。

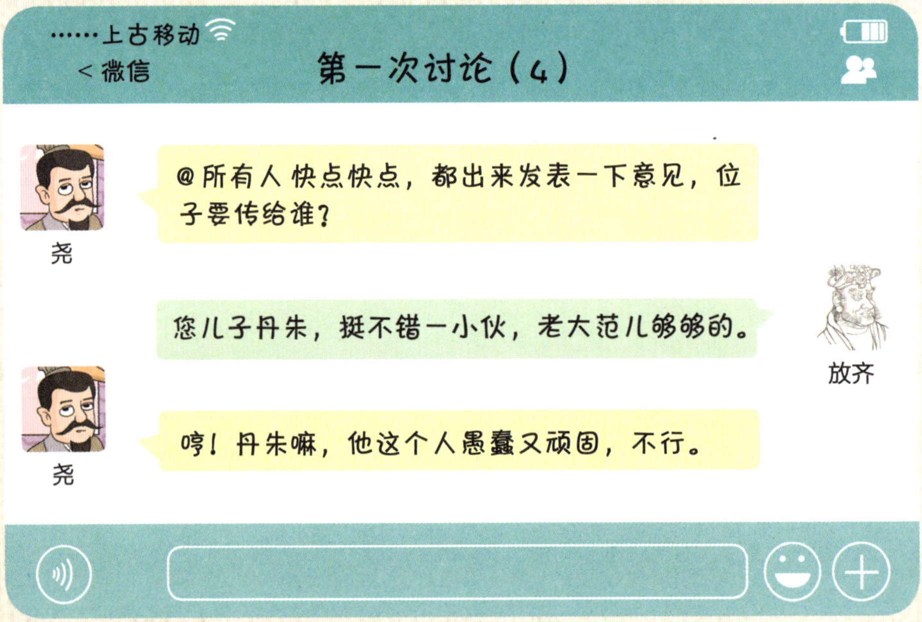

……上古移动
< 微信
第一次讨论（4）
@所有人 快点快点，都出来发表一下意见，位子要传给谁？
尧
您儿子丹朱，挺不错一小伙，老大范儿够够的。
放齐
哼！丹朱嘛，他这个人愚蠢又顽固，不行。
尧

……上古移动

< 微信

第一次讨论（4）

尧：都说说，还有什么好的人选？

欢兜：共工干了不少大事，不错的说。

尧：共工好讲漂亮话，嘴上一套背后一套，别提了。

尧：四岳啊，如今洪水让我很头疼，你有没有合适的人选解决啊？

四岳：我听说鲧（gǔn）挺不错的。

尧：我怎么觉得他不太合适呢！

四岳：就用他试试吧，不行再换一个。

尧：行吧，今天就到这儿，散会。

……上古移动

< 微信

第二次讨论（4）

尧：唉！今天不讨论个结果，谁都别想走！四岳，不如就从你们中间挑一个吧。

四岳：不行不行，我们德行配不上配不上。

尧：那我不管，你们今天要给我一个满意的答案。

四岳：我手下跟我说有个叫舜的年轻人挺不错。

尧：对，我听说过，他这个人怎么样？

四岳：上得厅堂，下得厨房，治得了后妈，教训得了弟弟……简直就是个人才啊！

尧：那就他吧，散会！

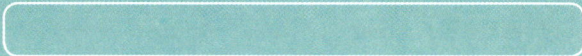

以孝出名的舜

舜，是颛顼的后代，名叫重华。因出生于虞地，也常被称为虞舜。舜因为尧的禅让成了部落联盟首领。

帝舜从小受父亲瞽（gǔ）叟、后母和后母的儿子象的虐待和欺负，经历了很多苦难。但他仍然孝敬父母，爱护弟弟，所以深得大家的赞扬。

相传舜在20岁的时候，四岳向尧推荐舜作为尧的继承人，尧就把自己的两个女儿嫁给他，考验舜的品行。舜在各方面都表现得很好，所以尧给了舜很多赏赐。

小伙子好好干，
我看好你哟。
多谢岳父大人
提拔。

舜的父亲瞽叟是个瞎子，为人蠢笨，喜欢虐待舜。舜得到了尧的赏赐后，父亲瞽叟和弟弟象都急眼了，他们想杀掉舜，独吞这些钱。

不行，这应该是我的！

于是，瞽叟让舜去修仓房的屋顶，自己却暗地里纵火焚烧仓房。舜就用两个斗笠保护着自己，从房上跳下来，幸运地活下来了。后来瞽叟又让舜挖井，等舜下井的时候瞽叟和象在上面填土，想把舜活埋在里面。幸亏舜觉得不对劲儿，事先在侧壁凿出一条暗道，从里面逃了出来。

怎么样怎么样，上去没？
快了快了，你赶紧去放火。

挖得够深了，这次把土倒下去，不信这回他还能活。

瞽叟和象以为舜死了，开心得不得了。于是，象住进了舜的房子，弹奏舜的琴。舜回来后去看望他，象大吃一惊，一脸不高兴，嘴里却说：“哎呀，我正思念你呢。”

你回来了啊，我们正在思念你呢.
呵，你们可真是我的好父亲、好兄弟啊.

经历了这件事，舜依然不放在心上，还是像以前一样孝顺父母，友爱兄弟，而且比以前更加诚恳谨慎。

尧去世后，把首领之位传给了舜。舜在位 39 年，为人们做了许多好事。

这都是些什么人啊，好可怕.

治水英雄大禹

出处《史记卷二·夏本纪第二》

大禹的名字叫文命，是黄帝的后代，也是夏朝的开国君王，史称夏禹。大禹在传说中是与尧、舜齐名的贤圣帝王，他是中国古代最有名的治水英雄，他把中国的版图划分为九州。大禹治理洪水花了13年，这种伟大的奉献精神传颂千古。

不治好洪水不回家

尧在位的时候，中原地带洪水泛滥，老百姓深受其害。尧当时把治水的大任交给了大禹的父亲鲧（gǔn），但是鲧治水一点成效都没有。后来舜的手下向舜推荐了大禹，舜便把治水的任务交给了他。

快来个人拯救我吧！

别怕，我一定会回来的！

大禹是个老实人，他暗暗下定决心一定要把洪水赶走。当时大禹刚刚结婚才四天，就不得不挥泪和恩爱的妻子告别，开始治理洪水的事业。

大禹带着自己的助手去了很多地方，走到哪里就量到哪里。大禹治水的时候从来不只说不做，他都和老百姓在一起劳动，吃在工地，睡在工地。

大禹生活得很简朴，就住在很矮的茅草小屋里，但是每当治理一处水患，修水利工程缺少材料和人力的时候，他都亲自去协调解决。

治水需要付出大量劳动，大禹曾经三次路过家门口都没空回去看一眼。有一次路过家门口，听到儿子的哭声，他很想回去看一眼，但是一想到自己任务艰巨，他只好眼里含着泪水，骑马飞奔而走了。

大禹治水一共花了 13 年时间，后人感念他的功绩，为他修庙筑殿，尊他为“禹神”。因为大禹治水功劳很大，所以继承了舜的帝位。从大禹开始，帝王传位变成了世袭制，产生了我国历史上第一个朝代夏朝。

顺应天命的成汤

出处《史记卷三·殷本纪第三》

成汤，即商汤，子姓，名履。成汤原是夏朝的诸侯国——商国的君主，在伊尹等人的帮助下灭掉邻近很多国家，经过20年的征伐战争，最终灭了夏王朝。后来，成汤被推举为天子，成为商朝的开国君主。成汤爱惜人才，爱护百姓，是后世帝王的楷模。

五顾茅庐

夏朝传位四百多年后，开始混乱，但有个叫商的诸侯国却在迅速发展。商国的大王成汤十分爱惜人才，他听说有个叫伊尹的人，虽然是个厨师，却研究过很多英明帝王的治理之道，名气很大，就三番五次派人去请他帮忙。

我听说有个叫伊尹的不错。
是啊大哥，这个人是个干大事的料。

有一次，成汤去见伊尹，叫手下彭氏的儿子给自己驾车。彭氏的儿子觉得伊尹不过是个小人物，完全不用成汤亲自去请，结果被成汤一通训斥，还被轰下车了。

大王，伊尹一个奴隶哪用得着您亲自去请啊？
你别是哪个对手派来的卧底吧！

不过这一次成汤没能请回伊尹。成汤前前后后去了五趟，伊尹才答应帮助成汤成就大业，于是成汤便委任他帮忙干一番大事业。

先生请助我啊！
看你这么执着，好吧，我答应你。
先生好有面子啊，这个大王跑了好多趟了。
是的呀，肯定是个特别聪明的人。

为小鸟网开三面

有一天，成汤带着几个手下去郊外打猎，看见有一片树林四面都被罗网围着。张网的人正在祈祷，希望老天能让四面八方飞来的鸟都飞到他的网里来。

天灵灵，地灵灵，老天爷快显灵。

你应该说"鸟儿啊鸟儿啊，不想活的都到我碗里来！"
这样真的可以吗？

成汤听了觉得捕鸟人很残忍，并劝他把三面网都撤了。捕鸟人不愿意，他觉得这样根本捕不到鸟儿，成汤让他试试看。捕鸟人便听成汤的话只留了一面网，果然也捕获了不少鸟儿。

你听说过成汤吗？
就是那个很仁慈的大王？
我听说过他，我正准备投奔他呢。

不久，成汤劝捕鸟人网开三面的事很快传开了，临近的诸侯国君听到后，纷纷说成汤是一位仁慈之主，应该拥戴他为领袖。

拳头才是硬道理

成汤的始祖是契（xiè），大概和大禹是一个辈分的人，被分封在了商国。从契到成汤曾经八次迁都，到成汤时他为了追思帝喾，定都于亳（bó）。

成汤是夏朝一方诸侯，有自己的军队。当时有个叫葛伯（葛国的国君）的人不祭祀鬼神，成汤决定攻打他。成汤对外宣扬说葛伯不敬畏上天，所以要重重地惩罚他，于是把葛国灭了。

我要代表鬼神消灭你！
我要代表月亮消灭你！

这个时候夏朝的大王夏桀（jié）干了不少荒唐事，于是很多诸侯起来作乱。成汤便亲自去征讨这些诸侯，最后才攻打夏桀。在攻打夏桀之前，成汤还对手下进行了一番讲话，数落了夏桀很多的过错。

冲啊，兄弟们，
胜利就在前方！

后来，夏桀被打败了，成汤乘胜追击，缴获了无数金银财宝，夏朝灭亡了。

成汤的大臣伊尹向诸侯公布了这次打架的战果，从这以后诸侯都乖乖听话了。后来经过三千诸侯大会，成汤被推举为天子，建立了商朝。

重振大商的武丁

武丁，子姓，名昭，是商朝第二十三任君主。武丁继位的时候商朝国势衰微，政局混乱，他上任后采取措施进行改革，使得商朝的国势很快扭转，形成了『武丁盛世』。

出处

《史记卷三·殷本纪第三》

做梦都在找人才

哎，老天爷可
怜可怜我吧，
给我一点爱！

商朝的王位传到武丁的时候，已经没啥威信了，他希望国家能够再度兴盛，但是一直找不到人来帮助他。所以武丁三年都不管事，国家大事交给冢宰决定，自己悄悄地观察国家的风气。

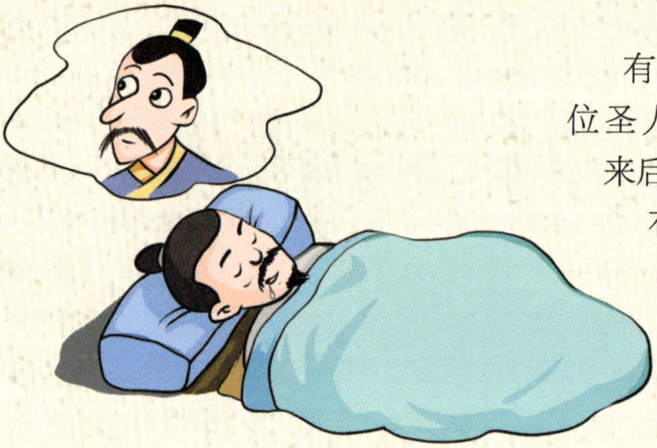

有一天夜里，武丁梦见一位圣人，名叫说（yuè）。醒来后，他发现文武百官中没有一个是梦里看到的人。于是武丁就派很多手下去找这个人，最后在傅险找到了说。

先生真是个
人才啊。
大王真是看
得起我。

说被带到京城来见武丁，武丁和说交谈，发现说果真是有才能的人，便任命他担任国相。后来，武丁就把找到说的地方傅险作为姓赐给说，大家都管他叫傅说。之后武丁推行德政，国家得到了很好的治理。

神鸟的忠告

商朝的贵族十分重视祭典，当时的鼎是用于祭典的青铜重器，在商朝贵族心目中特别珍贵。有一次，武丁祭祀成汤的时候，突然有一只神鸟飞到鼎上叫个不停，可把武丁吓坏了。

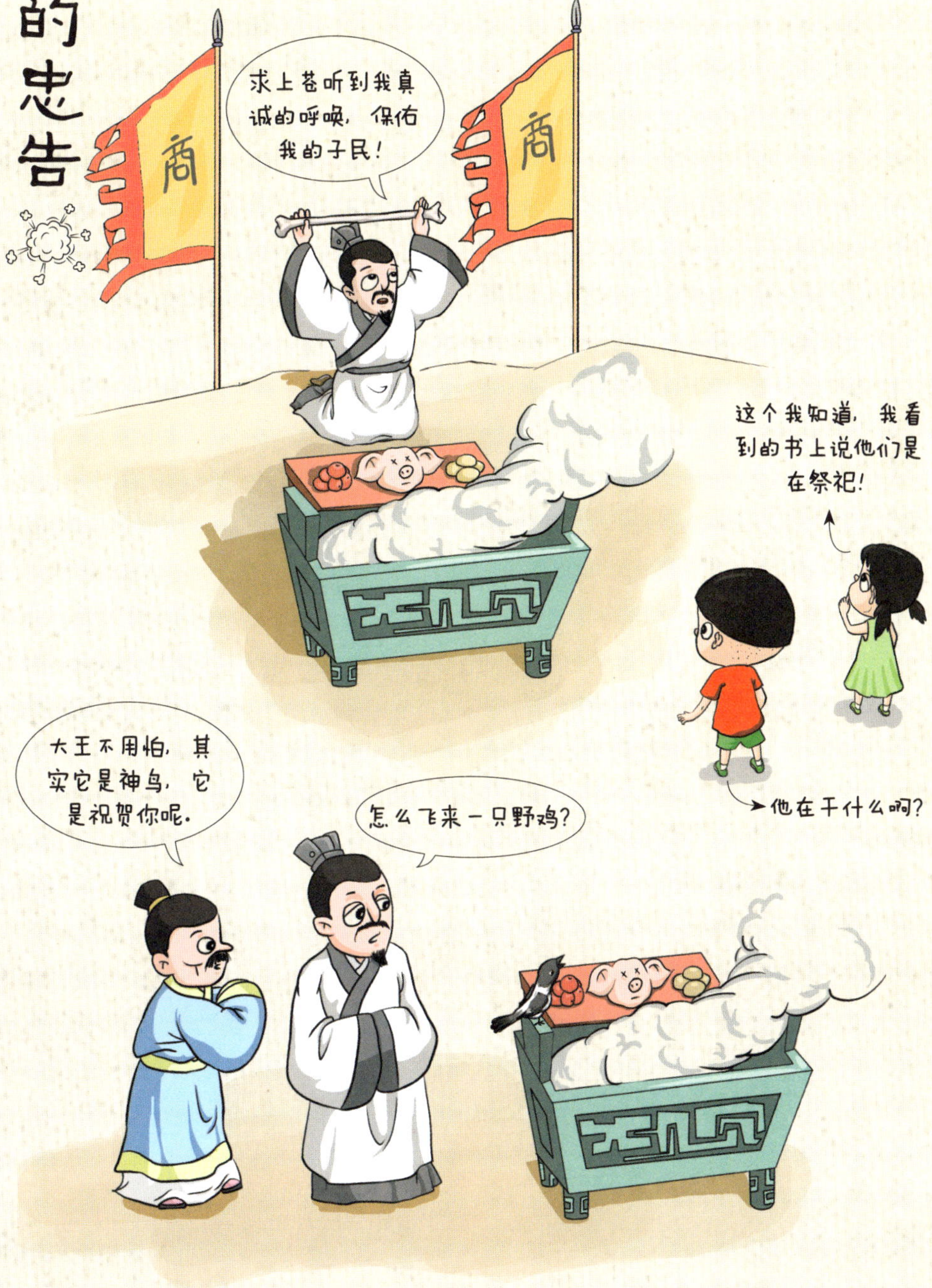

求上苍听到我真诚的呼唤，保佑我的子民！
商
商
这个我知道，我看到的书上说他们是在祭祀！
他在干什么啊？
大王不用怕，其实它是神鸟，它是祝贺你呢.
怎么飞来一只野鸡？

大臣祖己安慰武丁，让他不用担心，同时借此机会劝谏武丁不需要用那么多祭品，祖己的意思就是商朝王室祭典上的祭品太过奢侈了，不过他不好意思直说，就拐了个弯劝说武丁。

商
商
商
那神鸟能听懂我们说话？
心诚则灵，大王要真的担心，下次就少用点祭品吧。

武丁觉得祖己说得很有道理，便照做了，从这以后武丁修明政事，商朝的国势又兴盛了。

大器晚成的姜尚

出处《史记卷三十二·齐太公世家第二》

姜尚，也叫姜子牙、姜太公、姜望，商末周初人，是历史上著名的谋士。姜子牙是个名副其实的大才子，他治国治军都很有一套，是韬略思想第一人，周文王尊称他为『太公望』。明代万历年间，有个叫许仲琳的人写了一本名为《封神演义》的小说。从此，姜子牙就由人变成了神。

钓翁之意不在鱼

商朝的最后一个天子纣（zhòu）王是一个暴君，姜子牙年轻的时候给纣王打过下手，但他觉得纣王昏庸无道，自己报国无门，就离开了。自那以后直到70岁还是一事无成。

后来，有个叫周的诸侯国渐渐崛起，国君周文王爱民如子。所以72岁那年，姜子牙借钓鱼的机会希望能面见周文王，得到他的礼遇。

刚好周文王外出狩猎的时候在渭水河畔遇到姜子牙，与他谈论后周文王很是惊喜，认为姜子牙是个奇才。

于是，周文王就邀请姜子牙和自己一同乘车回去，帮助自己成就大业。

后来，姜子牙帮助周文王的儿子周武王灭了商朝。因为姜子牙的巨大功劳，所以周武王把营丘分封给了姜子牙。姜子牙在这里建立了齐国，以稳定东方。

姜太公施计救文王

有一次，纣王的手下在纣王面前说周文王的坏话，纣王就把周文王关起来了。这下周文王的手下可急坏了，于是赶紧去找姜子牙商量怎么办，姜子牙就让人带着珠宝、美女去求见纣王。

大王，您看这些都是献给您的，我想跟您求一样东西。
好说好说，要啥都成！

据说，为了试探周文王是否忠心，纣王曾让人烹了周文王的儿子伯邑考，还送给文王吃。周文王为了能够活下去找到机会逃跑，忍着悲痛吃了。
看，这都是本王打下的江山。
大王干得漂亮！

纣王得了宝物，就把周文王给放了。这之后，姜子牙又帮助周文王干了不少大事，加上姜子牙治理国家也很有一套，从此天下有三分之二的诸侯心都向着周国了。

周文王还背着我走了八百多步，你怎么不说！
史
你拿出证据来我就写。

有勇有谋的敢死队队长

周文王去世以后，他的儿子姬发即位，就是周武王。周武王这个人很能干，加上姜子牙的帮助，周国被管理得井井有条。

姜子牙述职仪式
不错不错，都挺给面儿的。
令

打，不要怂！

武王即位第九年，周武王想继续文王的伐纣大业，于是在盟津搞了个大型的军事演习，看看有没有人响应他，没想到竟然来了 800 多个诸侯，这时候诸侯们觉得可以伐纣了，周武王却说还不是时候。

有本事别跑，
来打一架！
哼！来就来，
我怕你！

听大哥的！

又过了两年，周武王觉得是时候了，便准备攻打纣王，打之前他算了一卦，卦象说得挺不好的，大家都觉得不吉利，只有姜子牙力挺武王。

这不，还没开打，姜子牙就带着100个勇士开道，武王带着大部队紧随其后，纣王的军队一时没反应过来，直接就被冲散了，后来纣王自焚，商朝就覆灭了。

安邦定国有一套

天大地大，睡觉的人最大，谁都不许叫我。

周武王建立周朝之后，给了姜子牙一块封地。姜子牙就带自己的手下奔向封地营丘。快到封地的时候，姜子牙准备晚上好好休息，第二天再赶路。但是听见客舍的人说时机难得而易失，于是姜子牙内心一动，赶紧继续赶路。

等要赶到营丘的时候，他们发现有一大帮人拦在路上。原来是隔壁莱国的人想要趁机捞点好处，然后双方就打起来了。姜子牙把对方打了个落花流水。

我就问还有谁不服！

齐国能成为大国，全靠太公根基打得好啊！
太史公懂我啊！
史

到了封地之后，姜子牙政治、经济、文化全面抓，齐国日渐强大也为其后代齐桓公春秋称霸开了个好头。

开国明君周武王

周武王，姬姓，名发，是西周王朝的开国君主。因为武王的哥哥伯邑考被残暴的纣王杀害了，所以文王去世后，他继承了国君之位。武王遵从父亲的遗愿，重用贤良、壮大力量，最后消灭了商朝，成为中国历史上一代名君。

出处 《史记卷四·周本纪第四》

找个理由讨伐纣王

周武王继位之后，就任命姜子牙为军师，让周公、召公、毕公等得力助手辅佐自己处理国家大事，一时间周国声名鹊起。

太公，您觉得谁适合当我的助手呢？
小武，你看这三个人怎么样？
周公
召公
毕公

几年以后，商朝更加腐败，纣王更加残暴，老百姓在大街上看到自己的亲朋好友都不敢说话。忠臣比干、箕（jī）子冒死劝谏纣王，结果却一个被挖心一个被囚禁。

这时候，周武王决定征讨纣王。出征前，他在大家伙儿面前庄重宣誓，数落了纣王的很多罪行。两人带领军队在牧野进行决战，结果纣王一败涂地。之后，纣王就在鹿台自焚了，商朝从此灰飞烟灭。

我还怕你了不成？
哼，你看我人多不，还不赶紧认怂！

好你个小子，就会在背后说我坏话！
谁让你坏出了名堂呢。
史

肩膀上担子重

灭了商朝以后，周武王建立了周朝，当时局势还不稳定，所以周武王每天从早忙到晚。有一天，周武王召集各地的长官跟他一起登上高地眺望商朝的都城，当天晚上周武王一夜都没睡。

哎~哎……

武王的弟弟周公旦听说了，就特地来找周武王，问他为什么不睡觉，周武王表示王朝刚刚建立，朝局不稳，自己晚上实在睡不着。

大王一夜不睡
怎么可以呢，
容易脱发的！
哎，老天爷要是能永远保佑我周朝，我这就去睡觉！

后来，周武王派人测量洛邑，计划在此修建新的国都，然后收了所有人的武器，解散军队，把牛马都放养到山下，向天下表示自己不再打仗了。

这下可以好上一
阵子了吧?

保佑我大哥
平安无事啊.

周武王操劳的时间太长，导致生病了。这时，天下还没有统一，他的手下很是担心，当时周公斋戒沐浴，向上天祈祷说愿意用自己的身体去替代武王生病，结果周武王的病竟然渐渐好了。之后，周朝在周武王的治理下蒸蒸日上。

我不甘心啊,
我还有好多事
没干呢, 人就
没了.
史
好啦好啦 你
儿子不还挺争
气的吗?

大公无私的周公旦

出处《史记卷三十三·鲁周公世家第三》

周公旦，姬姓，名旦，又称周文公。周公旦一生辅佐了文王、武王和成王，为周朝的建立和巩固立下了汗马功劳。传说周公写过《周礼》，是礼乐制度的倡导者，同时还说他擅长解梦，所以有『周公解梦』这个说法。

帮助侄子治江山

周武王的儿子姬诵小时候有一次生病了，周公就剪下自己的指甲沉入河中，向神祈祷说愿意用自己的身体去代替小姬诵生病，然后把祈祷的文章藏在一个小匣子里，没人知道写了啥。

都过去了，
就放着吧。

后来周武王去世了，姬诵当上了天子，即为周成王。这时候周成王还很小，管不了事，周公就把周成王抱在膝盖上召见各个大臣，帮助周成王管理国家大事。

当时周武王的两个弟弟管叔、蔡叔见成王年纪小就想夺取王位，但是他们又怕周公坏了他们大事，所以在各个诸侯国散布谣言，说周公想借着管理政务的机会篡位。

喂，你们知道吗，周公想要当老大啦！
对头，你没看周公都自己上朝了吗，欺负小孩子不懂事！

当时还没成年的成王不断地听到这些流言，对周公就不太信任了。周公没办法，表示愿意带领军队去东征，他想打个大胜仗来感动周成王，但是周成王仍然不信任周公。

阿诵啊，你怎么就不明白叔叔的苦心呢！
哼！

镐城

周公无奈之下只好离开了国都镐（hào）京，逃亡到楚国。直到后来一次偶然的天灾，周成王无意间打开了周公的那个小匣子，看到周公当年的祈祷文字，感动得泪流满面，于是他就派了很多人把周公请了回来。

看，叔叔没有害你吧。

管叔、蔡叔见周公重新得到信任，很不甘心，他们就与纣王的儿子武庚勾结起来发动叛乱，但是周公很快就领兵平定了反叛。周成王长大以后，周公把政权还给了成王。后来，周成王在周公的帮助下将国家治理得井井有条，天下安定，百姓安乐。

很任性的周厉王

出处《史记卷四·周本纪第四》

周厉王姬胡是西周第十位君主，他在位时周朝已经没落。周厉王在位的时候极其荒唐，把山林、河川和湖泊归为己有，不许老百姓靠山、水养活自己，最终引起了公愤，导致百姓起来反抗，最后死在了彘（zhì）地。

不听劝丢掉王位

小荣啊，最近有没有什么新鲜的东西？
嘿嘿嘿，大哥，请跟小弟来。

公元前 879 年，周朝的大位传到了厉王，厉王十分贪财，喜欢亲近一个叫荣夷公的人。大夫芮（ruì）良夫苦口婆心地劝厉王不要跟荣夷公走太近了，厉王却当做耳旁风。

小召啊，你看我这招妙不？
哎，大哥，你好傻好天真啊。

厉王脾气特别暴躁，老百姓公开议论他的过失，结果厉王这个暴脾气就直接找来了个巫师监视议论的人，谁议论就弄死谁，这下子都没人敢说话了。哪知道三年后大家一起造反，周王室大乱。

这之后，召公、周公两辅相共理朝政，号称“共和”。共和十四年（前 828 年），厉王死在彘地。之后周公和召公帮助太子静登上王位，即为周宣王。宣王登位之后，修明政事，使西周的国力得到短暂恢复。

真是无药可救，我都不想写你了！
史

我叫晨晨，

我和思思一起陪你读《史记》。

你好啊，史记

项目策划 | 周国宝

内容编著 | 陈建成

内容统筹 | 龚道军　刘　挺　方明杨　郑梦圆

插图绘制 | 尚祖山　李　轲　王层层　王　瑞

拉页制作 | 赵媛媛　途有其名

封面设计 | 墨离书画

禹伤先人父鲧功之不成受诛，乃劳身焦思，居外十三年，过家门不敢入。

《史记·夏本纪》

吕尚盖尝穷困，年老矣，以渔钓奸周西伯。

《史记·齐太公世家》

一沐三捉发，一饭三吐哺。

《史记·鲁周公世家》

史记你好啊

春秋霸主崛起

贰

陈建成　编著

中国铁道出版社有限公司
CHINA RAILWAY PUBLISHING HOUSE CO., LTD.

图书在版编目（CIP）数据

你好啊，史记 . 春秋霸主崛起 / 陈建成编著 . —北京：中国铁道出版社有限公司，2021.3（2021.6 重印）
ISBN 978-7-113-26296-9

Ⅰ . ①你… Ⅱ . ①陈… Ⅲ . ①中国历史 – 春秋时代 – 通俗读物 Ⅳ . ① K220.9

中国版本图书馆 CIP 数据核字（2019）第 213370 号

书　　名：你好啊，史记：春秋霸主崛起
作　　者：陈建成

策划编辑：聂浩智
责任编辑：孟智纯　**读者热线：**（010）63549485
插画绘制：尚祖山　李　轲　王层层　王　瑞
责任印制：赵星辰

出版发行：中国铁道出版社有限公司（100054，北京市西城区右安门西街 8 号）
印　　刷：中煤（北京）印务有限公司
版　　次：2021 年 3 月第 1 版　2021 年 6 月第 2 次印刷
开　　本：710 mm × 1 000 mm 1/16　**印张：**24.5　**字数：**500 千
书　　号：ISBN 978-7-113-26296-9
定　　价：238.00 元（全 7 册）

阅读指南

我有很多问题想问古人！
读《史记》的晨晨
我当时也有很多问题想问古人！
写《史记》的司马迁
读读《史记》，你就能穿越历史。
读《史记》的思思

史记中的人

春秋是中国历史上的大分裂时期，处于东周前半期（公元前770年—公元前476年），鲁国史官把当时各诸侯国的重大事件分春、夏、秋、冬四季记载下来，取名为《春秋》，所以历代史学家便把《春秋》这个书名作为这个历史时期的名称。

那时候，周天子的势力减弱，各诸侯国你争我斗，齐桓公、晋文公、宋襄公、秦穆公、楚庄王相继称霸，史称春秋五霸。在江南，越王勾践和吴王夫差，也曾经称霸一方。在这个大变革时代，引发了许多人思考人生、思考社会，于是诞生了老子、孔子等著名的思想家。

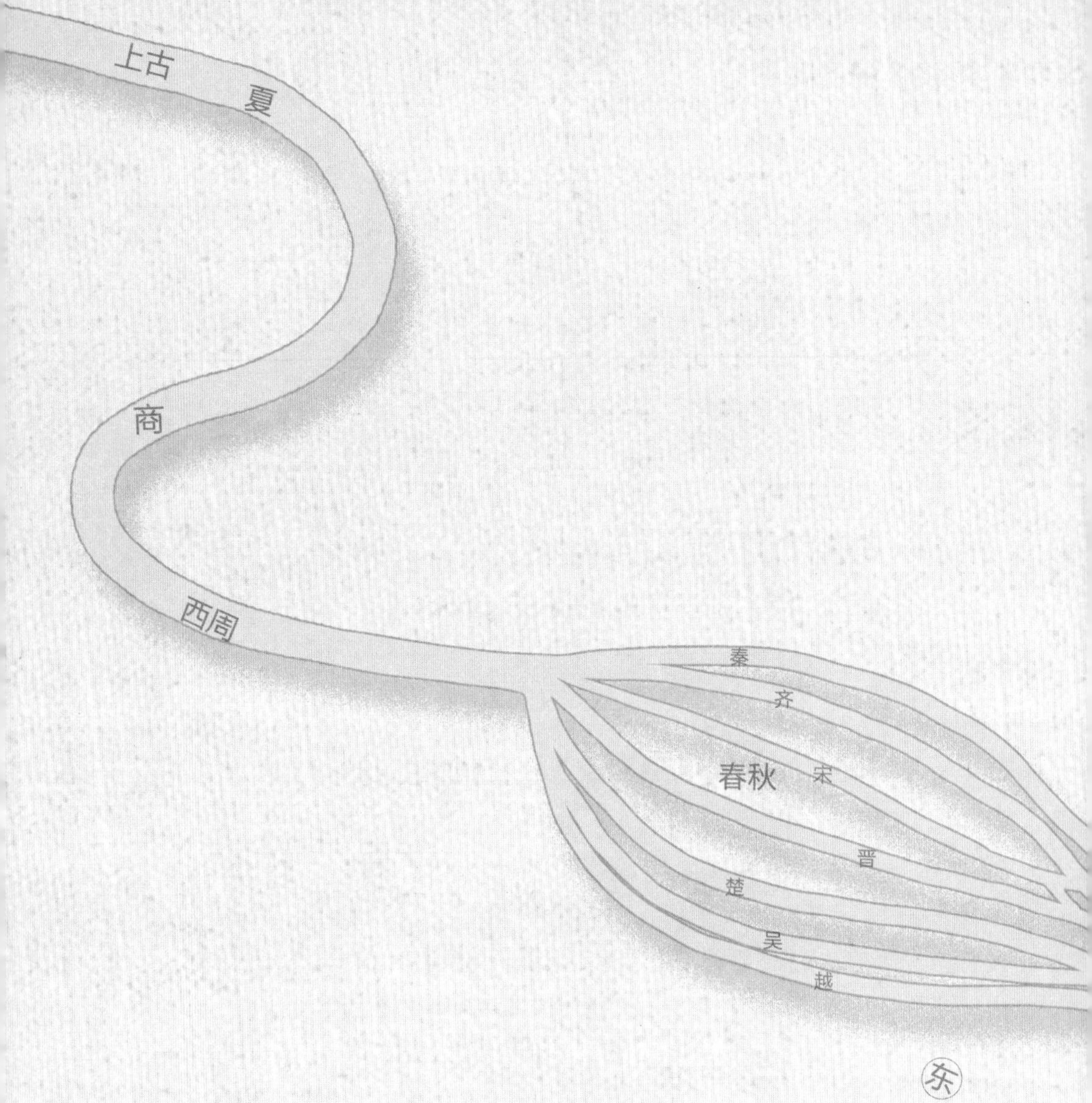
上古
夏
商
西周
秦
齐
春秋
宋
晋
楚
吴
越
东

史记

记历史

记精彩人生

记成长的动力

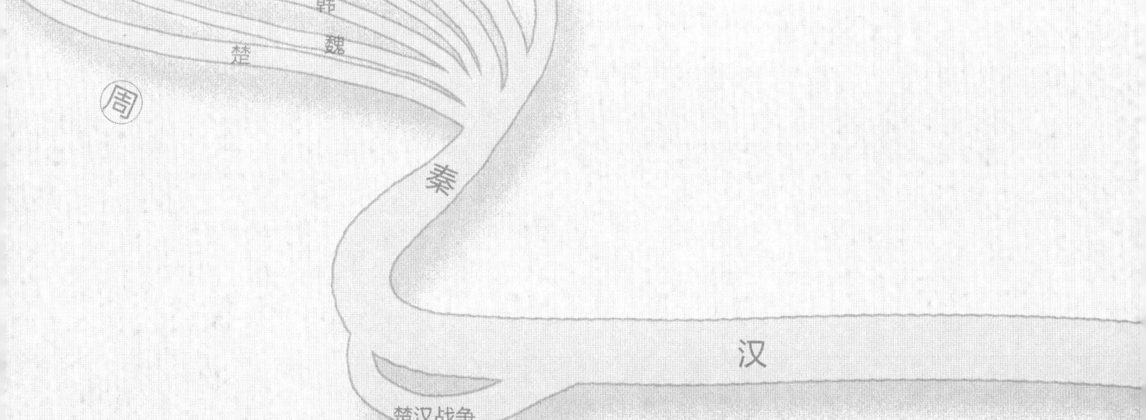

目录

09

五霸之首齐桓公

10

讲仁义的宋襄公

11

霸气毕露晋文公

12

雄才大略秦穆公

9
楚庄王
春秋·楚国·国君

7
伍子胥
春秋·吴国·相国

8
勾践
春秋·越国·国君

A
孔子
春秋·鲁国·思想家

A
老子
春秋·陈国·思想家

五霸之首 齐桓公

出处

《史记卷三十二·齐太公世家第二》

齐桓公，春秋时期齐国的国君，姓姜，名小白，是姜太公的后人，春秋五霸之首。桓公当上国君之后，任命管仲为丞相，实施改革，齐国变得越来越强。公元前679年，齐桓公以周天子的名义，约集多国诸侯在鄄（juàn）地结盟，被推举为盟主，确立了霸主地位。

演技好才能当国君

历史进入东周以后，周天子的地位越来越低，有时候还被下面的诸侯国欺负。齐国是东方一个较大的诸侯国，姜小白的出现让齐国的前景变得更加美好。

小白是齐国的公子，他的哥哥齐襄公当大王的时候，就知道吃喝玩乐，国家大事都不管。于是，小白和他的兄弟们害怕被哥哥连累，一个个都逃跑了。管仲保护公子纠逃到了鲁国，鲍叔牙则保护公子小白逃到了莒国。

公子是应该早点下决心了。
我哥这么不着调，我要早做打算。

公子，出大事了……
这一天终于到了。

果然不久后，齐国内乱，齐襄公被杀，齐国国君空缺。大夫高傒（xī）跟公子小白关系特别好，所以他就抢先暗地里让小白回国。

鲁国也派人送公子纠回国，同时偷偷地让管仲带人去阻拦小白。

偏偏不巧，两拨人在半路上就遇到了，管仲不管三七二十一，一箭射中小白腰带上的配饰。小白灵机一动往地上一躺，装死。管仲还真信了，连忙派人向公子纠报喜。

这边小白躺在帐篷车里指挥手下加速赶路，而另一边，公子纠以为小白死了，就安心地慢悠悠往回赶，结果过了六天才到。到了齐国公子纠才发现小白早就回来了，且已经被高傒立为国君，即齐桓公。

不记仇偏爱管仲

齐桓公继位之后，是在管仲的帮助下称霸群雄的，齐桓公为何不计前嫌呢？这不得不说是鲍叔牙的功劳。

话说当年管仲年轻的时候家里很穷，他的好朋友鲍叔牙就找管仲一起投资做生意。做生意的时候，本钱几乎都是鲍叔牙出。但赚了钱以后，鲍叔牙却让管仲多拿点。

仲弟，跟我一起赚大钱啊，本钱我出。
牙哥，真是太感谢了！

公子啊，你看看他，就知道占便宜。
你懂啥！

鲍叔牙的仆人看不惯这样，鲍叔牙说那是因为管仲家里穷。管仲跟鲍叔牙一起去打仗的时候躲在后面，鲍叔牙却说那是因为他要好好活着去照顾母亲。管仲听到后很感动，说：“生我的是父母，了解我的是鲍叔牙呀！”

后来，管仲和鲍叔牙都来齐国当官。为支持公子纠当上国君，管仲曾经用箭射杀齐桓公。桓公当上国君以后，鲍叔牙向桓公推荐了管仲，说只有管仲才能帮助他成就霸王之业。

齐桓公听了鲍叔牙的建议，决定不计前嫌，任用管仲为相。

牙哥，你来当丞相，我们一起做大事怎么样？
大哥，管仲比我更合适。
还是鲍叔牙讲义气啊。

齐桓公任用管仲后，与鲍叔牙、高傒等人共同修治齐国政事，奖励贤能之士，自此齐国越来越强大，齐桓公成为中原第一个霸主。

也谢谢你成就了齐桓公的霸业。
谢谢你成就了“管鲍之交”。

风马牛不相及

齐桓公称霸之后东征西讨，威名远播，不过他也做了不少荒唐事。

有一天齐桓公与夫人蔡姬一块在船上游玩，蔡姬熟悉水性，在船上摇晃船只颠簸桓公。齐桓公命她停止，蔡姬不听劝阻，齐桓公很生气，回去之后就把蔡姬送回娘家了。

你这小丫头，快别晃了。
那个人怎么突然脸色就变了？
是不是晕船啊？

蔡姬回家之后她的父亲蔡侯很不高兴，转头让蔡姬改嫁了。这下齐桓公更生气了，马上就带着讨伐大军攻打蔡国，蔡国抵抗不住，很快就投降了。

让你不听话，回家反省反省。

楚国
你们啥意思啊，招呼都不打就跑来了？

齐桓公这时候气还没消就顺便挥师南下，去讨伐楚国。齐军到了楚国，楚国人十分惊讶，就说我们两个国家隔这么远，即使是马与牛走失也不会到对方的境内，你们为什么要来攻打我国呢？终究还是齐国理屈词穷，被骂走了。齐桓公也真是个性情中人。

讲仁义的宋襄公

出处
《史记卷三十八·宋微子世家第八》

宋襄公，姓子，名兹甫，是春秋五霸之一。宋襄公的老爸和齐桓公关系十分要好，齐桓公死后，齐国乱成一团，宋襄公率领一大队人马打到齐国，拥立齐孝公，自此，宋襄公快速火了起来。不幸的是，宋襄公在泓水之战中因为过于『仁义』而最终失败，成为千古笑谈。

不忍心做国君

咳咳咳.

宋国是中原的一个小诸侯国。公子兹甫在家排行老二，上面还有个叫目夷的哥哥。

不过目夷是他老爸的小妾生的，而兹甫是嫡子，因此兹甫被立为太子。公元前652年，兹甫的老爸病重，临去世之前要交代后事。

老爸，哥哥年长，理应他继位.

不料，公子兹甫居然主动让贤，要把宋国君位让给他的哥哥目夷。而目夷也很知趣，坚决不干，再三推辞之后，最终还是让兹甫做了宋国的大王，即为宋襄公。

因为有着让贤的美名，当时的人都称赞宋襄公，他以“仁义”闻名于诸侯。

襄公真的讲义气啊.
是，谁知道他葫芦里卖的什么药！
他就是让位那个？

帮别人就是在帮自己

公元前 651 年，齐桓公在葵丘约见各国诸侯，宋襄公参加了这次大会。在这次大会上，齐桓公很看好年轻的宋襄公，跟他进行了友好的交流，并且把齐国的太子昭托付给了宋襄公。

小白叔叔，好久不见。
小甫啊，年轻有为啊！

几年之后，齐桓公重病，他的几个儿子为了争夺君位，大打出手，闹得不可开交。当时的太子昭被打跑了，来到宋国求助宋襄公。

阿甫哥哥，求帮助！
安啦安啦，有我在。

宋襄公就召集天下的诸侯，想搞个“国际维和部队”来护送公子昭回齐国当国君。但宋襄公的威望不高，只有三个小国响应他。

最后，宋襄公带领四国人马进军齐国，齐国大臣见四个国家的兵马打进来了，就大开城门，迎接公子昭即位。

为了正义！
正义不倒
国际维和部队
襄公必胜！

公子昭回国后当上了国君，这便是齐孝公。宋襄公因为帮助齐公子复国而声名流传更广。

你这纯属捡漏啊！
史

讲义气却不得好报

宋襄公因为帮助齐孝公登上王位，便萌生了当霸主的想法。公元前 639 年，宋襄公分别和齐君、楚王约定在齐国会盟。

见面的时候，宋襄公以盟主的身份自居，并且没有经过齐楚的同意就自作主张地拟定了当年秋天在宋国会盟各诸侯的通告。

哎呀，我先来的，我要做盟主。
他算老几啊？
明明我才是大哥！

到了约定的日子，襄公的哥哥目夷劝襄公带着军队前往，襄公不同意。在大会上，宋襄公跟楚成王因为谁当盟主而吵起来，结果宋襄公被楚成王的手下抓起来了。楚王把宋襄公带回楚国囚禁起来，直到当年冬天，襄公才被释放。

清醒一点，搞清楚到底谁是大哥！

宋襄公回国后很生气，听说郑国支持楚王做诸侯霸主，就决定攻打郑国。郑国向楚国求救，双方的军队在泓水相遇。

我看他们就是欠收拾！

大王，是时候了。
不行，我们讲仁义的，不能乘人之危。

楚军渡泓水河的时候，目夷说应该趁他们渡河的时候先动手，宋襄公不听。楚军过了河，开始在岸边布阵，宋襄公还非要等对面的楚军布置好军阵再动手。

等楚军布好军阵，宋军才出战。结果宋军大败，宋襄公也被楚兵射伤了大腿而病重，第二年夏天，终因腿伤恶化而去世了，霸业未成而中道去世，令人叹息。不过后人因为宋襄公的“仁义”而把他列为霸主，不得不说是一桩美谈。

我还是把你算入春秋五霸的。
现在课本里居然把我删去了，哼！

霸气毕露晋文公

出处《史记卷三十九·晋世家第九》

晋文公，姓姬，名重耳，是春秋五霸中第二位霸主，与齐桓公并称『齐桓晋文』。重耳年轻的时候谦虚好学，喜欢结交有才能的人。后来，晋国发生了骊姬之乱，重耳被迫在外逃亡了19年。重耳62岁那年在秦穆公的支持下回晋国当上了国君，可谓是苦尽甘来。

十九年流亡七国

晋国是位于中原的一个诸侯国，晋献公时，国家开始强盛起来。

公子重耳是晋献公的儿子，他 12 岁的时候，晋献公把自己最宠爱的骊姬立为夫人，骊姬想立自己的儿子为太子，使用计谋害死了太子申生，正巧重耳和哥哥夷吾来朝见晋献公，得到消息后害怕殃及自己，便先后逃回封地。

快快快，赶紧收拾东西，这地方待不下去了。

献公对两位公子不辞而别十分不满，便想要除掉他们，重耳不得不东躲西藏。有一天，跟随重耳的狐毛、狐堰兄弟接到一封信，说有人三日之内要去刺杀重耳，然后重耳跟手下们商量了一番，准备跑到齐国去。

公子，大事不妙，我们要赶紧继续跑。

当时齐桓公还健在，他听说晋国公子来投奔，马上接待安置了公子重耳和他的手下们。

桓公好人啊！
晋公子不要慌，跟在家一样就行。

欢乐的时光总是短暂的，几年之后齐桓公病故了，齐国也渐渐衰落下来，于是重耳又开始逃亡，先后到曹国、宋国、郑国，最后在楚国安定下来。

成王大吉大利啊！

重耳住在楚国的时候，在秦国当质子的晋国太子圉（yǔ）逃跑了，秦穆公恨得牙痒痒，听说重耳在楚国，就把重耳邀请到秦国，并且派军队护送重耳回晋国。就这样，重耳逃亡 19 年后最终返回晋国，做了晋国的国君，即为晋文公。

哎呀，你这不是苦尽甘来了嘛，快别哭了。
史

送座山给恩人

重耳在逃亡路上吃了很多苦，经常没饭吃，有一次竟然饿晕过去了。当时随行贤士里有个叫介子推的人就把腿上的肉割了一块，与采摘来的野菜一起煮成汤给重耳。

公子，起来喝肉汤了！

哼！

重耳当上大王之后，功臣介子推没有主动请赏，反而鄙视那些索取奖赏的人，后来干脆就直接在绵山隐居了，成了一名隐士。

介子推的随从们很怜悯他，就在宫门口挂上一张牌子，上面写了一首诗，晋文公看到后，赶紧派人请介子推，听说他进了绵山之后，晋文公就把整座绵山封给介子推，并改山名为介山。

綿山
唉，介兄，从此两不相见了吗？

大度退军成就霸名

前文说到晋文公重耳在逃亡路上曾经去过楚国，当时楚成王热情招待了他，重耳于是答应以后万一晋国跟楚国有点小摩擦，愿意退让九十里，主动回避。

公子，成王有没有狮子大张口？
那倒没有，我自己提出来的。

后来，楚国派大将成得臣攻打宋国，宋成公来晋国搬救兵。最后晋文公在大臣的建议下进行智取，楚成王被迫退军。但是成得臣不情愿，坚决要与晋国一战，楚成王很生气，只给了成得臣很少的军队。

文公救我！
快快请起，发生什么事情了？

楚晋交战的时候，楚军一进军，晋文公立刻命令往后撤。一口气后撤了九十里，到了城濮才停下来。成得臣一步步地追到城濮，还派人向晋文公下战书，措辞十分傲慢。

这次两军交战，晋国的军队把楚国的军队打得落花流水。这之后，晋文公又与多个国家结盟，自此晋文公正式称霸。晋文公和他的几个后继者都很有作为，晋楚争霸百年各有得失。

雄才大略 秦穆公

出处 《史记卷五·秦本纪第五》

秦穆公，姓嬴，名任好，是春秋时期秦国国君。秦穆公当上国君后，勤政爱民，经常将百姓的疾苦视为自己的失责，以振兴国家作为自己的任务。后来，秦穆公在百里奚、蹇叔、由余等人的帮助下，收复西戎，战胜晋国，奠定了春秋霸主的地位。

灵光一现寻良才

秦国是西边的诸侯国，离西方戎族比较近，一直都有冲突，迁都雍城后，开始崛起。秦穆公很有抱负，一心想当天下第一，只是他一直很苦恼身边没有绝世英才来帮他。有一天，秦穆公特地去请善于相马的伯乐帮忙去寻找良马。

唉，都没人来帮我，
什么时候才能当天下第一啊。

伯乐托词拒绝了，不过他给秦穆公推荐了一个叫九方皋（gāo）的人，秦穆公见了九方皋一面之后就派他去寻找好马。

大王，我给你推荐个人，
保准你不会失望。
是吗，
说说看。

你推荐那人我看着一点都不靠谱。
大王，你等着看吧。

三个月过后，九方皋报告秦穆公说找到一匹黄色的母马，带回来的却是一匹黑色的公马，因此秦穆公很不高兴，去找伯乐吐槽九方皋的水平不行。

但伯乐建议秦穆公把那匹马牵回来驯养看看，结果发现这果然是一匹天下难得的好马。秦穆公通过相马而得到了启发，于是派人到各处去广招人才，为秦国称霸做准备。

人不可貌相啊。

因马而结善缘

上一个故事说到九方皋给秦穆公找马，找到之后秦穆公爱不释手，很是厚待这匹马。

马儿啊马儿啊，
多吃点。

有一天，秦穆公的这匹爱马走失了，他带人去外边寻找，找了很久，最后发现有一群人围着篝火烤肉，走近一看，才发现那群人吃的正是自己的马。

那是我的马啊，
你们这群刁民！
可算有肉吃了，
把我饿坏了。
是啊，
闻着真香。

当这些人知道自己吃的是秦穆公的马之后，都很害怕，跪地求饶，但没想到秦穆公却说，吃肉一定要配好酒，于是就赐酒给他们喝，并且放了他们。

罢了罢了，不过吃肉要配好酒。来，把我车里的好酒拿过来。

三年过后，这群人听说秦国要跟晋国打仗了，都要求跟着去。打得正欢时，他们发现秦穆公被晋兵包围，争先恐后地来帮忙御敌，以报答吃马肉被赦免的恩德，最终秦穆公俘虏了晋君。

果然好人还是有好报啊。
穆公恩义。
史

用羊皮换来的丞相

前文说到秦穆公一心称霸，这就要提到百里奚这个人了，那百里奚是谁呢？

百里奚是个很有才学的虞国人，可是虞国的平民基本上不可能当官。于是百里奚的妻子杜氏鼓励百里奚出游列国看能不能寻找机会走上仕途。

因为在朝堂上没有认识的人，所以百里奚在求仕的过程中屡屡碰壁。后来他遇见了蹇（jiǎn）叔，两人互相赏识结为知己。不久，蹇叔举荐百里奚在虞国当了个大夫。

就你？
大人，还请美言几句。
哎……
酒逢知己千杯少！
知我者，蹇叔也。

晋献公灭掉虞国后，俘虏了百里奚，用他做出嫁给秦穆公的晋国公主的陪嫁奴隶，送往秦国。百里奚半路上出逃，被楚国捉住，秦穆公听说百里奚是个人才，就派人对楚王说百里奚是他妻子的陪嫁奴隶，要用五张黑色公羊皮赎回，楚王答应了。

拿钱换人不好吗？
拿多了楚王就会怀疑小奚是个大人物，肯定不愿意。

百里奚被押回秦国后，秦穆公亲自接见了他，两人谈论国家大事很是投机。穆公高兴地要把秦国的军政大权交给百里奚，百里奚说自己比不上好友蹇叔。最后，秦穆公就用重礼将蹇叔请来秦国，让他和百里奚一道做秦国的上大夫。秦穆公在百里奚、蹇叔等人的帮助下，最终成为春秋五霸之一。

我秦国的大事可就托付给两位先生了。

有胸怀的楚庄王

出处

《史记卷四十·楚世家第十》

楚庄王，芈（mǐ）姓，名侣，春秋时期楚国国君，是春秋五霸之一。楚庄王在亲政之前看似不思进取无所建树，实则是韬光养晦暗自蓄势。他重用了伍举、苏从等忠直之臣，最终饮马黄河、问鼎中原，实现了自己称霸的愿望。

不鸣则已，一鸣惊人

楚国是南方的诸侯国，一直想向中原扩张势力。楚庄王刚开始当上大王的时候才十几岁，国内矛盾重重，并且爆发了叛乱，楚庄王只好韬光养晦，装出一副只知道吃喝玩乐、不问政事的样子，他还下令说谁劝说都格杀勿论。

美酒加咖啡~一杯又一杯~
这可怎么办才好啊！

大王，有个怪鸟，落在土山上，三年不飞也不叫，这是什么鸟呢？
三年不飞，一飞冲天；三年不鸣，一鸣惊人。你就不要担心啦。

三年过去了，大臣伍举实在看不过去，就给楚庄王出了个谜语，楚庄王很聪明，一听就明白了伍举的意思，并给了他一个满意的答复，伍举高兴地回去了。

可是没想到，几个月过去了，楚庄王反而每天更加肆无忌惮地玩起来了。这时，大夫苏从也看不过去了，冒死进宫找楚庄王，说只要楚庄王能醒悟，自己就算死了也甘愿。

你知道你在干什么吗?
我是为了大王好啊!

打这以后，楚庄王奋发图强，把一批奉承拍马的人撤了职，把敢于进谏的人提拔起来，整顿内政。自此，楚国开始富强起来，之后便问鼎中原，又经过邲（bì）之战大败晋国而称霸。此后百年，晋楚一直有冲突，各有胜负。

玩得一手好操作呀!
那是，不然我还怎么当大哥!

葬马带来的醒悟

楚庄王这个人足智多谋，可是他也做过一些让人啼笑皆非的事。

马兄，你这是怎么了？

楚庄王有一匹爱马，结果这匹马得了肥胖症死了。楚庄王让群臣给马发丧，要以大夫的礼仪给马安葬，大臣们认为庄王是在侮辱大家，都表示很不满。楚庄王下令说再有议论自己葬马的，一律都处死。

这马平时肯定不运动，好胖呀！
我妈妈平时都跑步的。

大王，这匹爱马怎么能以大夫之礼安葬呢，多委屈啊！

大臣优孟听说了庄王要葬马的事，跑进大殿，仰天痛哭。楚庄王很吃惊，问他发生了什么。优孟劝说楚庄王，心爱之物应该以国君之礼相待。楚庄王听后，无话可说，知道优孟是在提醒自己，只好取消以大夫之礼葬马的打算。

悲情英雄伍子胥

出处

《史记卷六十六·伍子胥列传第六》

伍子胥，名员（yún），是春秋末期吴国大夫，军事家。伍子胥的老爸伍奢因受到奸人费无极的谗害而被楚平王杀死，伍子胥却很机灵地从楚国逃到吴国，成为吴王阖闾的一名重臣。后来吴国倚重伍子胥等人的谋略，向西攻破了楚国，向北打败徐、鲁、齐等国，成为诸侯一霸。

君子报仇，十年不晚

大王，我跟你说个事……

吴国是东南方的一个诸侯国，在吴王阖闾（hé lǘ）时因为伍子胥等人的辅佐而达到鼎盛。伍子胥是个土生土长的楚国人，那他是怎么到了吴国的呢？

伍子胥的老爸伍奢是楚国太子建的老师，当时太子建的另一个老师费无极天天在楚平王面前说太子建的坏话，楚平王就越来越疏远太子建，伍奢也受到了牵连。

有一次费无极又说伍奢的坏话，楚平王听信了，就派人召请伍奢的两个儿子，不来就杀了他们的老爸。伍奢大儿子伍尚明知死路一条还是决定去，并且让弟弟伍子胥逃跑，以后找机会报仇。

弟啊，哥的仇就靠你了！
哥，留得青山在，不怕没柴烧。

听说太子在宋国，我得赶紧去抱大腿。

伍尚到了楚国都城，楚王将伍奢和伍尚一起处死了。伍子胥听说太子建涛到了宋国，所以决定去宋国投靠太子建。

伍子胥到宋国以后，正巧遇上宋国内乱，他跟太子建只好投奔郑国。郑国的大王热情招待了他们，结果太子建却背叛郑王，因此被杀。

人和人之间最基本的信任呢？
三十六计走为上计。

太子建被杀后，伍子胥只好带着太子建的儿子逃奔吴国，经过昭关的时候，两人分开了。伍子胥白天东躲西藏，晚上赶路，历尽千辛万苦才来到吴国。

你当我傻子啊！
不许跑，回来受死！

伍子胥升职记

伍子胥到了吴国后求见了吴王僚，不过那时候他还是个新人，在吴王面前说不上话。后来他发现公子光想要除掉他堂兄僚自己当大王，便介绍了刺客专诸给公子光，自己则归隐种田去了。

这小子知道了什么？
公子，我知道你想干什么，不过我不说。

走你！

后来楚平王死了，吴王僚就派两位公子率兵袭击楚国，想要捞点好处，却因为手下都被派走了而被公子光趁机派专诸给刺死了。于是公子光自立为王，即为吴王阖闾，之后他召回伍子胥，和他共同谋划国事。

阖闾当上大王以后，积极地为称霸诸侯做准备。几年以后，吴王见时机成熟，多次派遣伍子胥攻打楚国，夺取了楚国不少的土地。

公元前 506 年，阖闾再次派伍子胥攻打楚国，这次直接占据了楚国的国都郢都，楚国的昭王出逃。

冲啊，打败楚国，活捉楚昭王！
吴
吴

这小子欺人太甚！看我不教训他，回国！
大王的弟弟乘人之危，已经自立为王了。

阖闾进入郢都之后在楚国搜寻昭王，阖闾的弟弟夫概趁机逃奔回国，自立为王。阖闾知道后就放弃楚国返回吴国，攻打他的弟弟夫概。夫概被打败，就逃到楚国。

这军功章有你的一半啊！
我只愿楚王家破人亡。

又过了两年，阖闾派太子夫差率兵攻打楚国，夺取了重要城池番邑（pó yì）。这个时期的阖闾采用伍子胥、孙武的计策，向西攻克楚国，北边威镇齐国、晋国，南边收服了越国，成为诸侯一霸。

忍辱负重越王勾践

出处《史记卷四十一·越王勾践世家第十一》

越王勾践，姓姒，本名鸠浅，是春秋末期最后一位霸主。勾践即位后，吴王阖闾趁机攻越，却被射伤了脚指头，不久后因伤重去世。后夫差为报父仇攻打越国，勾践不得已求和，然后亲自伺候夫差，取得信任后被释放。勾践回国后重用范蠡、文种，休养生息，最终灭了吴国。

吴越争霸生怨恨

越国是位于东南的一个诸侯国，在春秋时期一直实力不俗，勾践的老爸允常当大王的时候与吴国发生了矛盾，多次发生冲突事件。

允常死后，勾践即位，阖闾知道允常去世了就趁机带兵骚扰越国，却不想自己被射伤，最后伤重去世了。

有本事你再来啊？
坏了，中计了。

阖闾死后，他的儿子夫差天天练兵准备为老爸报仇。勾践先发制人进军吴国，在夫椒被吴军打败，退守到会稽山。

这下怎么办？
好小子，看你往哪跑。

大人，你懂的。

越国向吴国求和，夫差不同意，最后勾践送了很多礼给吴国的太宰，太宰帮忙求情，夫差这才退兵回国了。

卧薪尝胆报国仇

越国向吴国求和之后，按照吴国的要求，勾践和大臣范蠡去吴国服苦役。两年苦役期满，夫差才放勾践回国。

勾践回国后，在自己的屋里挂了一只苦胆，每顿饭都要尝尝苦味，时刻提醒自己不要忘记耻辱。

之后勾践任用文种和范蠡，又采用大臣建议，贿赂夫差；散布谣言，离间吴国君臣，甚至还找来美人西施送给夫差，消磨夫差的精力。

公元前 482 年，勾践趁夫差带兵出去会盟国内空虚的时候攻打吴国，杀了吴太子，最后夫差只好派人带上厚礼向越国求和，吴国自此一蹶不振。又过了几年，勾践灭了吴国，成为一方霸主。

大智慧家老子

出处《史记卷六十三·老子韩非列传第三》

老子，姓李名耳，字聃（dān），是道家学派创始人和主要代表人物。老子是世界文化名人，他主张无为而治。老子生活在春秋时期，曾在东周国都洛邑当国家图书馆馆长。相传老子晚年乘青牛西去，并在函谷关写成了五千字的《道德经》，之后就不知所踪了。

勤学好问好少年

老子是楚国人，从小就特别聪明好学，经常缠着家里的人要听故事。他的母亲望子成龙，就请了通天文地理的商容老先生教老子读书写字。

快告诉我嘛
不然我就不放手！

商老先生教了三年之后，把老子推荐给了自己身为周朝太学博士的师兄。刚好博士家有仆人路过老子家乡，准备把老子带去周都洛邑。

老子和家人告别之后就上马随博士的家仆一路向西。到了洛邑之后，老子拜见博士，入了太学。后来又被推荐进了国家图书馆，三年后老子当上了馆长，从此闻名遐迩。

两位圣贤的会面

老子在图书馆待久了，学问也日益精进。孔子听说周都洛邑有个叫老子的人很有才华，便决定前往洛邑向他讨教。

老子见孔子千里迢迢赶来，非常高兴，把大夫苌弘引荐给孔子。孔子在洛邑待了几天过后，向老子辞行，临走前老子还送了孔子一些忠告之言。

我来介绍你们认识一下。

老师，老子长啥样啊，三头六臂不？
老师，你见到我偶像了吗？
一个个来，急啥！
老师老师，有没有带礼物给我啊？

孔子回到鲁国后，对他的弟子们说老子这个人就像龙一样，自己无法完全认清他，真的可以当自己的老师啊。

写一本书传颂千年

公元前 516 年，周王室发生了内乱，老子受到牵连，所以他就直接辞官离开了周国都洛邑。老子离开王宫之后骑着一匹青牛，准备一路向西旅游，曾经路过函谷关。

牛去哪，道就在哪，他就去哪。
他为什么倒骑青牛？

当时，函谷关守关的官员叫关尹，他小时候就喜欢观天象。有一天晚上，他独上高楼看星星，看了之后说肯定有圣人从东往西而来。于是他就派人清扫道路，夹道焚香，以此来迎接圣人。

哎呀，人生一大幸事啊！

七月十二日那天，关尹正准备走下函谷关，突然见到关下稀疏的行人中有一个老人倒骑着青牛往这边走来。这个老人白发如雪，长相奇特，关尹连忙奔上前去，跪于青牛前拜见圣人。

函谷关
快点快点，我偶像要到了！

之后，关尹请老子到他的住处，恳求他写一本书以流芳百世。于是老子就撰写了《道德经》，然后才离去。从这以后就再也没有人知道他的下落了。

先生，准备去什么地方？
去哪里并不重要，重要的是去啊。

贤之大者 孔子

出处 《史记卷四十七·孔子世家第十七》

孔子，名丘，字仲尼，春秋末期鲁国陬（zōu）邑人。孔子是古代著名思想家、教育家，是儒家学派创始人。相传孔子的弟子有三千人，其中比较贤能的有七十二个，他曾经带领部分弟子周游列国。孔子的弟子在他去世后，把他及其弟子的言行语录记录下来，整理编成《论语》。

孔子三十而立

孔子又被称为“孔圣人”，他出生在鲁国。因为孔子刚出生时头顶是凹下去的，刚好那时他爸妈到尼丘山向神明祷告，所以就给他取名叫孔丘。

老天保佑，让我有个儿子吧！

孔子 3 岁的时候，他老爸就病逝了，他的妈妈颜徵（zhēng）被他老爸的正妻赶出了家门，于是他妈妈只好带孔子搬到了曲阜阙里，过着清贫的生活。

孔子 15 岁的时候意识到要学习生活的本领。17 岁的时候，他的妈妈去世了。这一年，贵族季氏宴请士一级贵族，孔子去赴宴，季氏家臣阳虎却不让他进门。

竟然敢瞧不起我！

孔子自 20 岁起，就想当官，所以对天下大事非常关注，也常发表一些见解。这一年，孔子开始替季氏管理仓库。第二年，他开始管理牧场。

什么时候有出头之日啊？

27 岁时，孔子开始创办私人学校。33 岁时，孔子到周去学礼，因此结识了老子，等到他回到鲁国之后，拜他为师的弟子开始变多了起来。

恩人啊！
大善人，以后我儿子就跟你学吧！

学而不厌的孔夫子

有一次，孔子跟师襄子学习弹琴，一连学了十天，只学一首曲子。师襄子觉得曲子练习得已经差不多了，孔子却说还要再练练。

差不多行了，学新的吧。
不行，我还不熟。

这又弹了十来天，还不熟？
十五天后
我还没感受到作者长啥样呢。

过了一些天，师襄子对孔子说，这首曲子已经很熟练了，可以换一首曲子了。孔子又拒绝了。

又过了一段时间，孔子决定学习新的曲子了，并且说自己感受到了曲子的作者是个王者，猜测他有可能是周文王。师襄子很惊讶，说这首曲子就是《文王操》。

这首曲子正是《文王操》。
不是周文王作不出这样的曲子。

因不得志而周游列国

公元前497年，孔子跟鲁国大夫闹不和，不得已离开鲁国，到其他国家去寻找出路，开始了他周游列国的旅程。

孔子周游的时候发生了不少趣事。有一次孔子乘着马车到一个地方，看见有个孩子用土围成了一座“城”，坐在里面玩耍，见了马车也不躲开，他觉得很奇怪。

你的车没有我的城
“大”，我不怕你。

孔子问那个小孩子为什么不躲开，小孩子辩解了一番。孔子觉得小孩子很聪明就又考了考他，小孩子对答如流。孔子觉得这孩子知识渊博，连自己也辩驳不倒他，因此还要拜他为师呢。

鲁国

孔子六十八岁那年，由于弟子冉求的努力，鲁国权臣季康子派人迎孔子归鲁国。孔子周游列国十四年，至此结束。

我叫晨晨，

我和思思一起陪你读《史记》。

你好啊，史记

项目策划 | 周国宝

内容编著 | 陈建成

内容统筹 | 龚道军　刘　挺　方明杨　郑梦圆

插图绘制 | 尚祖山　李　轲　王层层　王　瑞

拉页制作 | 赵媛媛　途有其名

封面设计 | 墨离书画

仓廪实而知礼节，衣食足而知荣辱。

《史记·管晏列传》

此鸟不飞则已，一飞冲天；不鸣则已，一鸣惊人。

《史记·滑稽列传》

飞鸟尽，良弓藏；狡兔死，走狗烹。

《史记·越王勾践世家》

高山仰止，景行行止。虽不能至，然心向往之。

《史记·孔子世家》

史记你好啊

战国将相纵横

叁

陈建成　编著

中国铁道出版社有限公司
CHINA RAILWAY PUBLISHING HOUSE CO., LTD.

图书在版编目（CIP）数据

你好啊，史记 . 战国将相纵横 / 陈建成编著 .—北京：
中国铁道出版社有限公司，2021.3 （2021.6 重印）
ISBN 978-7-113-26296-9

Ⅰ . ①你… Ⅱ . ①陈… Ⅲ . ①中国历史－战国时代－
通俗读物 Ⅳ . ① K220.9

中国版本图书馆 CIP 数据核字（2019）第 213373 号

书　　名：你好啊，史记：战国将相纵横
作　　者：陈建成

策划编辑：聂浩智
责任编辑：孟智纯　**读者热线：**（010）63549485
插画绘制：尚祖山　李　轲　王层层　王　瑞
责任印制：赵星辰

出版发行：中国铁道出版社有限公司（100054，北京市西城区右安门西街 8 号）
印　　刷：中煤（北京）印务有限公司
版　　次：2021 年 3 月第 1 版　2021 年 6 月第 2 次印刷
开　　本：710 mm × 1 000 mm　1/16　**印张：**24.5　**字数：**500 千
书　　号：ISBN 978-7-113-26296-9
定　　价：238.00 元（全 7 册）

阅读指南

我有很多问题想问古人！
读《史记》的晨晨
我当时也有很多问题想问古人！
写《史记》的司马迁
读读《史记》，你就能穿越历史。
读《史记》的思思

史记中的人

战国时期是春秋大变革时期的延续，从三家分晋、田氏代齐，诸侯国你争我夺，直到秦灭六国完成统一。这套书第三册和第四册介绍的是战国历史。本册为第三册，介绍的是战国前期的历史。

战国前期以三家分晋为标志，霸道取代王道，开启了以互相吞并为主要目的的七国争雄战争。战国前期，各国变法图强，魏国最先鼎盛，秦国迅速崛起，齐国和楚国也实力不俗。这个时期，雄才伟略的君主比比皆是，他们和苏秦、张仪等舌辩高手，孙膑、吴起等军事奇才，一起造就了精彩的历史。

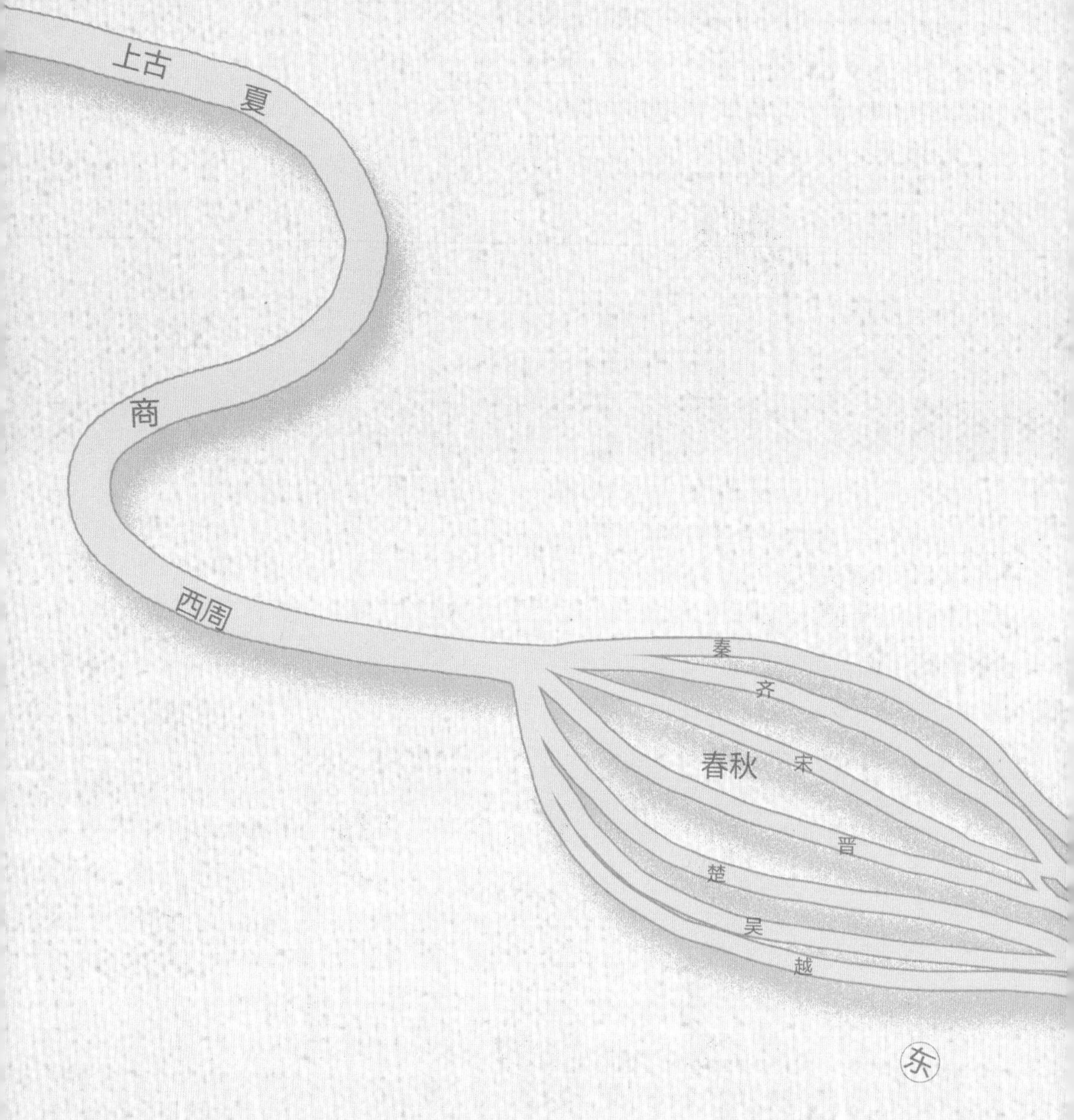
上古
夏
商
西周
春秋
秦
齐
宋
晋
楚
吴
越
东

史记

记历史

记精彩人生

记成长的动力

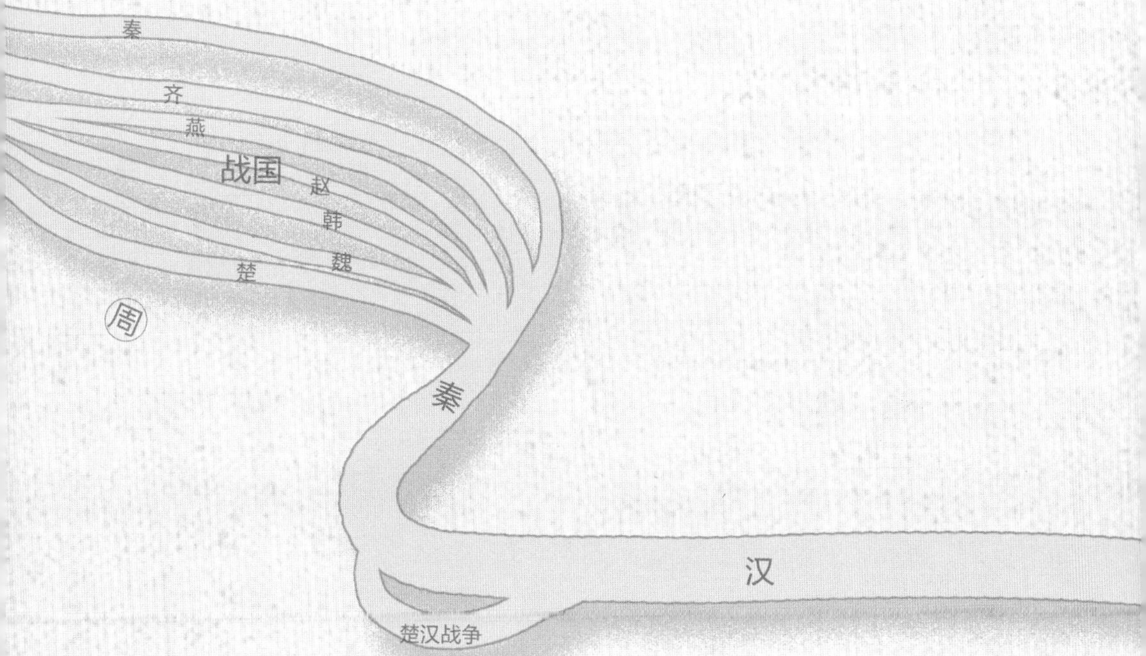

目录

22

足智多谋的孙膑

23

超级辩士苏秦

24

能言善辩的张仪

25

济世神医扁鹊

传奇名将吴起

出处《史记卷六十五·孙子吴起列传第五》

吴起，卫国人，是战国初期军事家、政治家、改革家。他一生曾经在鲁、魏、楚三国做过官，在战国时期和孙膑齐名，他在魏国时屡次击败秦国，尽得秦国河西之地，成就了魏文侯的霸业。在楚国时，吴起还曾主持过『吴起变法』，使得楚国变成诸侯中的强国。

为了功名而“奋斗”

经过春秋时期长期的纷争、兼并，周王室越来越衰落。一些大的诸侯国不再“尊王攘夷”，而是开始互相蚕食，历史进入了战国时期。当时，齐国攻打鲁国，鲁王想任命吴起为将军，但是又因为吴起的妻子是齐国人，对他不信任。

我姓吴，卫国人，老婆齐国人，在鲁国上班。老板有点不信任我……

老公别急，总有解决的办法的。
老婆，可能要委屈你了，呜呜……

吴起由于渴望成就功名，就杀死了自己的妻子，表示自己跟齐国没关系。就这样，吴起当上了鲁国的大将，带领军队去迎战齐国，最后打败了齐国。

吴起的得势让鲁国群臣很不满，于是就有人在鲁王面前说吴起坏话，还说鲁国和卫国是兄弟，鲁王用吴起，就是抛弃了卫国。鲁王因此就怀疑吴起，慢慢地开始疏远他。

老大，吴起这小子绝对不是好人……

小吴，加油哦！
大哥，我一定会活着回来的！

后来经人劝说，吴起离开鲁国投奔魏国。当时魏国的国君为魏文侯，魏文侯的卿相李克极力推荐吴起，于是魏文侯就任命吴起为将军，从此吴起为魏国开拓大片疆土，使魏国一跃为中原的强国。

被善待的士兵更英勇

吴起在魏国做将军的时候一点儿不摆架子，也不搞特殊待遇。他平时就与最普通的士兵同样穿衣吃饭，睡觉不铺席子，行军也不骑马，亲自挑上士兵的粮食，与士兵们同甘共苦。

我不能来？抱着床褥来还能干什么？

有一次，一个刚刚入伍的小兵负了伤，因为缺少药物，等到打完仗回到后方时，伤口已经化脓生疽。吴起发现之后立刻蹲下来，用嘴为那位士兵吸吮伤口、消炎疗伤。

没事，别着急，我来弄。

不过，据说这个小兵的母亲听说后却痛哭，其他人就很奇怪。他母亲说这个小兵的父亲当年也有这样的经历，之后打仗就从不后退直至战死，她哭是不知道自己儿子会死在哪里。

那位小士兵见大将军竟然如此对待自己，感动得热泪盈眶，说不出一句话。后来，魏文侯因为吴起善于用兵，就任命他担任西河地区的长官，镇守西河郡。之后，吴起又改革魏国军制，使得魏国国力强盛，极具威信。

将军的悲剧

魏文侯去世之后，他的儿子魏武侯继位。当时吴起被人陷害，所以遭到魏武侯的疑忌。吴起害怕被诛杀，于是投奔了楚国。

什么玩意儿，还是
小命要紧。

大王，小吴我来
投奔您了！

当时楚国内忧外患，国内矛盾重重，正值用人之际。由于吴起在魏国军功赫赫，所以他一到楚国就受到了楚悼王的重用。楚悼王先任命吴起为宛城太守，一年后给他升官，同时让吴起主持变法。

变法成效显著，楚国又开始强大起来。但吴起的变法损害了楚国一些贵族的利益，他们在楚悼王去世之后立马就要除掉吴起。吴起最终被射杀，变法也因此宣告失败。

混蛋，你不想活了，你射到大王的棺材了！

你在楚国为什么做得那么绝？
变法就是要有人流血牺牲。

兢兢业业的公仲朋

出处 《史记卷四十五·韩世家第十五》

公仲朋是战国时期韩国重要臣子，也有人说他叫公仲侈。韩宣惠王时，公仲朋担任相国，力主结好秦国实行连横，并为韩国取得了重要城市武遂，后来还帮助韩国抵御了楚国的进攻。不过韩宣惠王的儿子襄王死后，公仲朋就退出了历史舞台。

心有余而力不足

大王，我们应该跟秦国讲和，一起去打楚国，得了个同盟还能趁机小捞一把。

三家分晋后，韩景侯建立韩国，但韩国地处中原，被魏国、齐国、楚国和秦国包围，备受威胁。公元前317年，秦国和韩国打起来了，弱小的韩国不是对手。于是，大臣公仲朋劝说韩宣惠王跟秦国讲和，然后合作攻打楚国。

身在南方的楚王听了这个消息，很是恐慌，于是马上召见大臣陈轸（zhěn）。陈轸建议楚王派人带着重礼送给韩国，借此破坏秦韩的联盟。

快快快，请陈轸。
好主意，好主意。
我们只要给宣惠王送礼，趁机拆散联盟，然后就看好戏吧。

楚王马上按陈轸说的去做。楚国的使者团到了韩国，游说了韩宣惠王一番。韩宣惠王被哄得十分高兴，竟然相信楚国是来帮韩国的，直接让公仲朋不要出使秦国了，与秦国断绝关系。

有了楚国的帮助，
我大韩还怕什么？
去他的秦国吧。

秦

公仲朋劝韩宣惠王不要上当，但韩宣惠王一句也听不进去。秦王果然大怒，发兵攻打韩国，加上楚国的救兵也没来，韩宣惠王这时候才后悔。最终韩宣惠王还是听取了公仲朋的意见，和秦国交好。

送土地暂解危机

韩宣惠王死后，韩襄王继位。韩襄王的两个儿子争夺继承人的位置。当时其中一个儿子韩几瑟在楚国做质子，楚王想送他回国，就派兵包围了韩国的雍城。

我看你就是欠打.

楚国包围雍城之后，韩国向秦国求救，还向周借盔甲和粮食。周天子不愿意借，连忙找来大臣苏代商量，然后苏代就去韩国游说公仲朋。

你怎么这么笨，向周天子借粮草这不明摆着告诉楚王你快撑不住了吗?
好像有点道理.
你不如把高都送给周……
等等，好像哪里有点不对.

哼!
哼!

苏代建议公仲朋把高都割让给周，这样周就会偏向韩国。公仲朋听从了苏代的建议，正好秦国的援军也到了，楚国也就退兵了。韩国的危机暂时解除，但是由于一直都比较弱小，最终成为被秦国第一个灭掉的国家。

大变法家商鞅

出处 《史记卷六十八·商君列传第八》

商鞅，姓公孙，又叫卫鞅、公孙鞅。商鞅是法家代表人物，因为在河西之战中立了大功被封在商於，所以又叫商君。秦孝公在位的时候，商鞅通过变法使秦国成为富裕强大的国家，可惜孝公去世的时候，商鞅被公子虔指为谋反，战败之后他的遗体被带回咸阳，处以车裂。

被魏惠文王瞧不上

战国初期，魏国东征西讨，称霸长达百年。商鞅在年轻的时候，就特地来到了魏国，在相国公叔痤（cuó）门下当管家。公叔痤对商鞅很是看重，还没有来得及推荐给魏惠文王。

小鞅啊，你来我家当管家怎么样？

大王，小鞅挺能干的，肥水不流外人田啊。
先生好好休养吧。

正好公叔痤得了病，魏惠文王亲自来家中看望公叔痤，公叔痤劝说魏惠文王任用商鞅，否则不能留下他，魏惠文王默默无言。公叔痤劝魏惠文王假如不任用商鞅，就该杀掉他。魏惠文王走后，公叔痤让商鞅赶紧离开。

谁知道商鞅一脸淡定，他明白既然魏惠文王不采纳公叔痤用他之言，就更不会采纳杀他之言，所以并没有立即离开魏国。果然回去之后魏惠文王就对手下说公叔痤是病糊涂了，无形之间魏惠文王就失去了商鞅这个大助力。

果然一生病就开始说胡话了。

搬根木头五十金

公叔痤死后不久，商鞅听说秦孝公下令在全国寻访有才能的人，他就去了秦国。一连三次拜访，才引起了秦孝公的兴趣。后来秦孝公又见了商鞅一面，两个人越谈越投机。

秦孝公任用商鞅之后力排众议，打算变更法度。新法还没公布的时候，商鞅在都城的南门竖起一根三丈长的木头，然后在大街上贴了告示，说谁能把木头搬到北门就奖励他十金。

不一会儿，南门口围了一大堆人，可就是没有一个人动手。商鞅见大家还是不相信，就把赏金提高到了五十金。这时候人群中有一个人跑出来把木头扛起来就走，一直搬到北门，商鞅立刻派人给了他五十金，这件事立即传了开去，一下子轰动了秦国，之后秦孝公就颁布了新法。

告示
谁把木头从南门搬到北门，就奖励他十金。

倒霉的太子老师

新法颁布之后的第一年，秦国的老百姓对新法有很多怨言，天天到国都投诉这个新法不方便，这样的人数以千计。

这个新法你们觉得咋样啊?
忒不方便了.
我也这么觉得，张三昨天都去投诉了.

恰好有一天，太子触犯了新法，商鞅的变法迎来了最大的挑战。这可是个大麻烦，太子毕竟是国家继承人，不能轻易地惩罚他。

商君，你说怎么办?
太子还小，这都是他老师教导无方.

你们可有什么想说的?
你别得意，我们可是太子的人.

不过商鞅行事向来都是采用雷霆手段，他决定处罚太子的老师，谁让他们不把太子教好。于是监督太子行为的公子虔被割了鼻子，传授太子知识的公孙贾被刻字流放。从此以后，秦国人就都乖乖遵照新法了。

悲惨的结局

转眼间，秦法已经实施十年了，商鞅也当了十年的秦国相国。但是由于秦法严厉，规定谁要犯法就连邻居也一起处罚，所以很多皇亲国戚都怨恨他。

哼！本来我能继承爵位的，都是他！
就是他，可把我害惨了。

有一次，一位名叫赵良的官员拜访商鞅，当商鞅让赵良比较自己与百里奚哪个功劳大时，他却劝商鞅将封地还给秦国，归隐山林以求自保，商鞅没有听从赵良的劝告。

赵兄，还请多多指教啊！
商君，你委实应该急流勇退啊！

商鞅雇佣勇士，肯定心怀不轨，干脆说他谋反！
我认为应该治他个贪污之罪！

五个月之后，秦孝公突然去世，太子即位，即秦惠文王。公子虔等人告发商鞅要造反，秦惠文王派人去捉拿商鞅。穷途末路的商鞅逃往魏国，魏国人拒绝收留商鞅，把他送回秦国。

商鞅再回到秦国后，潜逃到他的封地商邑，发动商邑的士兵，准备向北攻击郑国谋求生路。秦国出兵攻打商鞅，把他杀死在郑国渑池。最后，秦惠文王把商鞅五马分尸。商鞅虽死，但是秦法没有被废除，秦惠文王继续奉行商鞅变法以来的国策，不断对外发展，最终称霸诸侯。

商君，适者生存，望你莫怪。

我这辈子最恨的就是马。
其实战马也很恨你的。
史

奋发图强 齐威王

出处 《史记卷四十六·田敬仲完世家第十六》

齐威王，姓妫（guī），田氏，名因齐，以善于纳谏、励志图强而闻名史册。齐威王原本只是侯，公元前334年，魏惠文王和齐威王在徐州会盟，互相承认对方为王，齐威王这才称王。他在位时期，进行政治改革，任人唯贤、赏罚分明，后来又打败了魏军，开始称雄于诸侯。

猜不到的结局

姜子牙建立的齐国传至齐康公时，齐康公被放逐到临海的海岛上。大夫田和被封为诸侯，仍沿用齐国名号，世称“田齐”。

十年过后，田和的后代齐威王继位，但他对国家大事一点儿不管，统统都交给卿大夫处理。周围国家的国君都看在眼里，九年之间都想方设法来骚扰齐国，捞一点儿好处，齐国百姓烦不胜烦。

公元前348年，齐威王听了姬妾的谏言，开始励精图治。他重用即墨大夫，分封即墨大夫做万户侯。又召见了阿城大夫，说他光吃饭不干事，直接把他杀了。

你做了什么心里清楚.

有本事别跑.
魏王
赵王

后来，在桂陵之战中齐威王发兵攻打赵国和卫国，还打败了魏军并包围魏惠文王。从此齐国得到很好的治理，之后在马陵之战中更是大获全胜，二十多年没有人敢出兵侵犯齐国，齐国于是称霸东方。

我的宝贝比你多

公元前334年，齐威王跟魏惠文王相互承认对方为王。第二年他们俩约了一起去郊外打猎。魏王带了能照亮前后各十二辆车的直径一寸的夜明珠十颗，向威王炫耀。

看我的宝贝，
你没有吧。

我跟你不一样，你看我这几个小弟，一个个都是我的宝贝。

齐威王说魏惠文王把俗物当成宝，而自己把人才当作宝物。他还说自己的属下们一个个都很不错，能文能武，这些人都光照千里，十二辆车又怎么比得上。

那当然，都是我的宝贝。
你的宝贝好多啊。

魏惠文王听了心里很是惭愧，本来是跟齐威王约好了一起打猎的，顺便炫耀一下自己的财宝，结果被齐威王奚落了一番，两人最终不欢而散。

足智多谋的孙膑

出处《史记卷六十五·孙子吴起列传第五》

孙膑，本名叫孙伯灵，是战国时期的军事家，孙武的后代。传说中，孙膑与庞涓都是鬼谷子的徒弟，后来庞涓因为嫉妒孙膑的才能而迫害他，捏造罪名砍去了孙膑的双足，孙膑后来投奔了齐国，当上了军师，辅佐田忌两次击败庞涓，从此而名扬天下。

因才华太高被砍脚

前面说到齐威王经马陵之战当上了霸王，这次战争的军师就是孙膑。那孙膑是谁呢？

孙膑在年轻的时候拜鬼谷子为师学习兵法。孙膑为人忠厚，而他的同窗好友庞涓却心胸狭窄，骄傲自大，很是嫉妒孙膑的才能。

后来，庞涓听说魏惠文王广招天下贤才，就决定下山谋求富贵。庞涓到了魏国之后，展现了自己的才能，魏惠文王很高兴，封他为将军。庞涓知道自己的才能比不上孙膑，就找借口将孙膑请到魏国。

大王，你看我怎么样？
我瞅你这个小伙子挺不错的，就你吧。

呸，你好狠的心啊！

之后，庞涓捏造罪名砍去了孙膑的双脚，并在他脸上刺字，还把他藏起来不让人发现。直到齐国的使臣来到魏国，孙膑设法游说齐国的使臣，齐国的使臣认为孙膑是个有才能的人，就把他藏在车中带回了齐国，孙膑这才从魏国逃了出来。

赛马场上出奇招

孙膑到了齐国之后，大将军田忌很是赏识他。当时齐国贵族间常以赛马赌输赢为戏，田忌就经常与诸公子赛马，并且设重金做赌注。不过，田忌的马不及公子们的马，经常赛输。

老田，这次恐怕又是我赢咯。

有一次孙膑目睹了齐威王与田忌的三场赛马之后，建议田忌加大赌注，并且向他保证必能取胜。田忌一听，当即与齐威王约定赛马，并下了一千金做赌注。

田先生别着急，我有法子让你赢。

比赛开始之前，田忌就有些不安，问孙膑怎么才能赢。孙膑让田忌第一局改用下等马对上等马，然后第二局、第三局分别用上等马对中等马和中等马对下等马。

大王，这次我可赢了不少。

比赛的结果是三局两胜，最后田忌赢了齐威王。于是田忌就把孙膑推荐给齐威王。齐威王向孙膑请教兵法后，把他当作老师，从此重用孙膑，此后孙膑为齐国立下了许多重大的功劳。

大王，打听到了……
大王，我要给你看个宝贝。

轮椅上的军事家

公元前 354 年，赵国进攻卫国，迫使卫国服从自己。卫国原来是魏国的附属国，现在归赵国所有，魏惠文王咽不下这口气，派大将庞涓教训赵国。

你什么意思啊？
欠收拾呢？
你管得真宽！

庞涓是名将，用兵如神，不到一年便攻到了赵国的国都邯郸。赵国国君赵成侯没办法，只好派人向盟国齐国求救。

魏

齐国君臣赶忙在朝堂上开了个商讨会，相国邹忌说不救，大将军田忌说要救。齐威王很是焦虑，只好问孙膑有没有好办法，孙膑给齐威王出了个好主意。

好主意.
当然要救，不然到时候赵国败了，魏国肯定对齐国有想法.
不救，让他们自相残杀不挺好嘛.
救肯定要救，不过我们可以在他们打得差不多的时候再救.

于是，田忌做主将，孙膑做军师，率齐国大军救赵。齐国大军没有直奔赵国，而是等赵国跟魏国打得不可开交的时候，直奔魏国首都大梁，魏军果然回师，两军在桂陵相遇，魏军被打败，庞涓被生擒。这样一来，齐国不仅解了赵国之围，又削弱了魏国的实力。这就是历史上有名的“围魏救赵”。

可是我还是没算到我的膝盖啊!
先生真乃神人也.
史

马陵道智斗庞涓

上次桂陵之战庞涓被生擒的时候，孙膑没有因为跟庞涓有私仇而一刀杀了他，而是放了他。“君子报仇，十年不晚。”孙膑这一等，就等了13年，这次魏国和赵国联合攻打韩国，韩国向齐国求救。

我忍！

齐威王派军队救韩国，仍然让田忌和孙膑一起出征。这次，庞涓决心与孙膑拼个你死我活，孙膑用减少饭灶痕迹的方法来诱敌，造成齐军士卒四散逃走的假象。庞涓果然中计，直接放弃步兵，只率领轻锐部队追击齐军。

先生有何高见？
庞涓这小子特别自大，忒看不起人，这次我有好法子让他吃大亏。

孙膑估计了庞涓的行程，在马陵道设下埋伏。庞涓在当天傍晚赶到马陵道，他看到了树干上孙膑刻的字，大惊失色。这时候齐军万箭齐发，庞涓知道败局已定，于是拔剑自刎。马陵之战后，魏国实力被严重削弱，沦为二流国家。

超级辩士苏秦

出处 《史记卷六十九·苏秦列传第九》

苏秦，字季子，是战国时期著名的纵横家、外交家和谋略家。苏秦的师父是鬼谷子，他跟随鬼谷子学习纵横之术，毕业之后外出游历。苏秦到赵国后，提出联合六国来对抗秦国的想法并最终使六国结盟，之后更是佩戴六国相印，使得秦国十五年都不敢出函谷关。

来自亲人的嘲笑

苏秦出生在战国中期，曾到齐国拜鬼谷子为师，毕业之后开始周游列国，结果却穷困潦倒不得不回老家，家里的人都嘲笑他。但是苏秦没有放弃，他把自己关在家里苦读，最终找到与国君相合的门道。

之后他又开始了游说之路，他到过东周，到过秦国，还曾前往赵国，但都没有人采纳他的建议，最终他来到燕国。

这么寒酸，也来找大王？
去去去，走远点，也不看看自己什么身份。

大哥，我掐指一算就觉得苏秦来者不善。

先生说得太对了！

苏秦在燕国等了一年多燕王才愿意见他，他们谈了很久，最终燕王出资让苏秦出使赵国，赵王被苏秦说动，决定一起抵抗秦国。

之后，苏秦又跑去其他国家，凭借三寸不烂之舌，说明六国合纵抗秦。就这样，苏秦当上六个国家的相国，佩戴六国相印。

苏秦的激将法

苏秦成功说服了赵王跟其他五国结盟，可是他害怕秦国趁机攻打各诸侯国，于是他决定想法子让自己的同学张仪去为秦国效力，然后暗中帮助自己。

小师弟不错，要不就他吧。

苏秦派人去劝说张仪来投奔自己，可是张仪来了之后，苏秦却故意不理张仪还当众羞辱他。这可把张仪气坏了，后来他想到只有秦国才能威胁赵国，于是就跑去秦国了。

你、你、你……
你不是挺有才的嘛，怎么也搞成这个样子，难道全都是假的？

苏秦在张仪离去后，暗中派人资助张仪到达秦国，并且帮助他见到秦惠文王。张仪见到秦惠王之后，秦惠文王让张仪当秦国的客卿，和他一起商量攻打各国诸侯的计策。

苏秦瞧不起我，
我就要给他点
颜色看看！

这时，帮助张仪的人告诉张仪，苏秦是故意激怒他，为的是张仪今后有更好的发展。张仪知道后，感叹自己没有苏秦高明，并许诺苏秦在赵国的时候不打赵国。苏秦算是解决了赵国暂时的危机。

张兄，我的任
务完成了，该
走了。
哎，看样子还
是师兄高明啊。

这次还乡不一样

苏秦搞定六国联盟后向赵王复命，各诸侯派来送行的使者很多，气派比得上帝王。途中刚好路过洛阳，苏秦决定回故乡一趟。

周天子听到这个消息感到害怕，赶快找人为他清除道路，并派使臣到郊外迎接。苏秦的兄弟、嫂子、妻子也都来迎接他，因为害怕，他们都俯伏在地上，斜着眼不敢抬头看苏秦。

苏秦看到这种情形，不禁轻笑了一声，他的嫂子听到了，赶紧跪趴在地上，脸贴着地面向他请罪。苏秦的妻子十分恭敬地服侍他用饭。

你们当初可
不是这样。
都是我的错，
是我有眼不识
泰山。

雪中送炭之人，
不需要跪我。

苏秦满怀感慨，他当场散发了千金给亲戚朋友，并且报答了以前所有对他有恩德的人。苏秦回到赵国之后把合纵盟约送交秦国，从此秦国十五年之内都不敢窥伺别的国家。

能言善辩的张仪

出处 《史记卷七十·张仪列传第十》

张仪是魏国人，是战国时期著名的纵横家、外交家和谋略家。张仪当初曾和苏秦一起拜师鬼谷子先生，他创造了连横的外交策略。后来通过游说来到秦国，秦惠王封张仪为相国，之后张仪出使各诸侯国，凭借三寸不烂之舌，使各国纷纷由合纵抗秦转变为连横亲秦。

三寸不烂之舌

秦惠文王在杀掉商鞅巩固权力之后，开始扩张秦国的势力。公元前 313 年，秦国想要攻打齐国，但当时齐楚已结成同盟，所以惠文王便派相国张仪前往楚国游说楚怀王。

齐国我看不顺眼，想打他，但是楚国跟他是兄弟，你有什么好办法？
这好办，楚怀王就是个糊涂虫。

大王……
好说好说。
我提前恭喜楚王了！

张仪见了楚怀王以后，一通忽悠，楚怀王就听信张仪的话，跟齐国绝交了。

大王，我们秦国厉害得很，不如跟我们结盟吧！
大王，你看其他国家都跟我们结拜为兄弟了。

后来楚怀王才反应过来自己被骗了。之后，张仪又先后到齐国、赵国、燕国，说服各国诸侯连横亲秦。这样，六国联盟就被张仪给拆散了。

我的舌头还在吗？

张仪之前也是鬼谷子的徒弟，学业有成后他下山开始游说各诸侯。当时张仪先来到了楚国，在楚国令尹昭阳门下做门客。

师父，我要下山建功立业啦！
臭小子，不干一番大事别说我是你师父。

有一天昭阳在家中请客，喝酒喝到高兴的时候，昭阳发现自己身上佩戴的玉璧不见了。因为张仪是新来的，受别人的排挤，于是大家都说是张仪偷的。

等一下，有小偷！

于是大家七手八脚捉住张仪，昭阳下令痛打了张仪一顿。可是张仪始终都不承认是他偷的，加上没有证据，昭阳只好放了他。

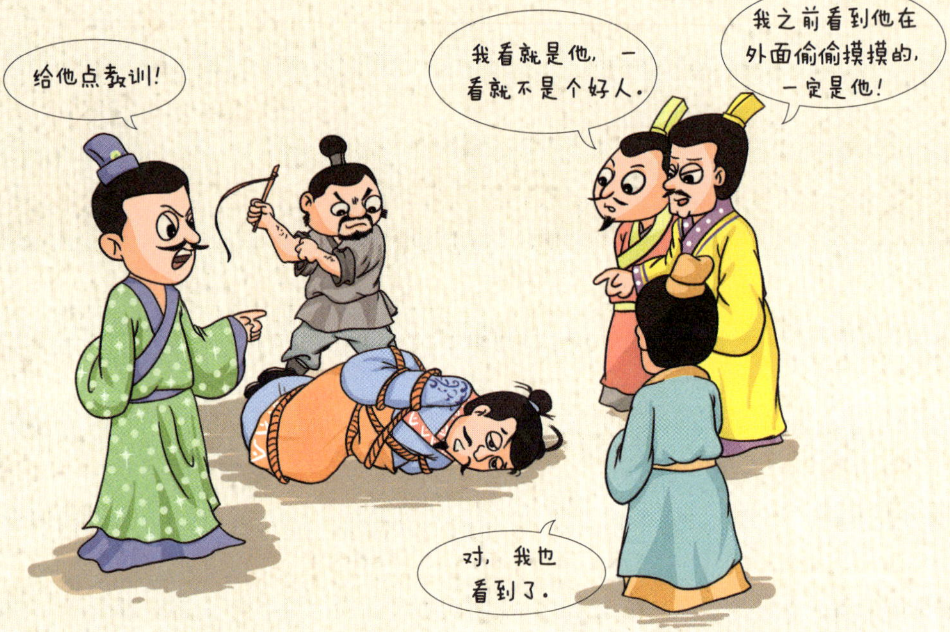
给他点教训！
我看就是他，一看就不是个好人。
我之前看到他在外面偷偷摸摸的，一定是他！
对，我也看到了。

张仪奄奄一息地被人抬回家中，他的妻子又伤心又气恼，眼泪不由流了下来。没想到张仪睁开眼的第一句话竟然是问妻子他的舌头还在不在，真是啼笑皆非。后来张仪在苏秦的引导下投奔了秦国。

快看看我舌头还在不？
在在，好好的呢，你是不是还想着参加辩论会啊？
张仪参加脱口秀准能获奖。
他演戏也不赖。

六百里变成六里地

前文说了张仪去游说楚怀王，张仪到了楚国先拿贵重的礼物送给楚怀王的宠臣靳尚。见到楚怀王以后，张仪跟楚怀王之间进行了一场对话，楚怀王听到张仪提出的条件，高兴地答应了张仪。

只要你跟齐国绝交，秦王就送你六百里土地。
不错不错。

于是，楚国和齐国断绝了关系，楚怀王派了一位将军跟着张仪到秦国去接收土地。谁知道，张仪一回去就假装出门翻车摔伤了脚，三个月没有上朝。楚怀王以为秦国怀疑自己的诚意，便专门派了一个人到齐国去，把齐宣王辱骂了一通，这下子齐楚彻底断交了。

张仪见楚齐联盟彻底破裂了，这才接见了楚国的使者。楚国的使者提出六百里土地的事，张仪不承认，楚怀王这时才发现自己上当了。之后楚怀王一怒之下派人攻打秦国。结果楚军大败，楚怀王不得已割让城池和秦国和解，真是赔了夫人又折兵。

说好的六百里呢？
楚王耳背，我说的明明是六里。

济世神医扁鹊

出处 《史记卷一百五·扁鹊仓公列传第四十五》

扁鹊，姬姓，秦氏，名缓，战国时期的名医。他少年时结拜了名医长桑君，得其真传。由于他的医术高超，所以当时的人们用上古神话中黄帝时的神医『扁鹊』的名号来称呼他。扁鹊遍游各地行医，通过望闻问切就能知道病因。相传有名的中医典籍《难经》就是扁鹊写的。

好人有好报

扁鹊医术高超，那他是从何处学来这么多的医术知识呢？原来扁鹊年轻的时候曾经在城里的一家旅馆当服务员。他待人热忱，做事勤快，所以很快就升任旅馆的主管。

主管早上好.

当时，有个叫长桑君的人经常来这住宿，别人都觉得他很普通，只有扁鹊认为他是一个奇人，对他很是恭敬。经过与扁鹊长达十多年的接触，长桑君认为扁鹊是一个值得信任的人。

于是，长桑君把自己的秘方交给了扁鹊，还给了扁鹊一包药，让他就着草木上的露水服用，从此扁鹊的目光便能穿透人体。因此他给别人看病时，能看清五脏内所有的病症，只是表面上还在为病人切脉。

大方的师父
最好了！
这可是个好
东西啊！

让太子起死回生

扁鹊一生都在到处行医。有一次，扁鹊到了虢（guó）国，听说虢国太子病亡，就来到宫门前，问看门人太子是得了什么病。得知病情之后扁鹊就告诉他，自己能够救活太子。

太子啥时候
死的啊？
还不到
半天呢。

旁边的中庶子觉得扁鹊简直就是个疯子，人死哪有复生的道理。扁鹊让他去看看太子大腿是不是还是热的，中庶子听到这么一说就赶紧入宫禀报，救子心切的国君立马召扁鹊进宫。

你这个骗子，
人死怎么可能
会复活？
爱信不信
去看看不就
知道了。

扁鹊叫他的学生用针刺激太子的穴道，不久太子果然醒了过来。扁鹊又用汤剂调理太子的身体，二十多天之后，太子就痊愈了。这件事传出去后，人们都说扁鹊有起死回生的绝技。

告示
扁鹊先生路经我们小国，略施援手，救了太子，我这个偏远国家的君王真是太幸运了……
你听说过扁鹊吗？
是吗？我之前还听说太子死了啊。
哎，这人我知道，据说太子就是他救活的。

先生是在说自己吧。
医术太高明，总会被羡慕嫉妒恨，恨……
史

不听医生言的后果

有一次扁鹊行医途中来到了齐国，齐桓侯知道他声望很大，便把他当贵客招待。扁鹊进宫拜见齐桓侯，第一次见面就跟齐桓侯说他有病，病在皮肤、肌肉的纹理，不治会严重。齐桓侯不相信，还很不高兴。

别客气，随便吃。
你的身体生病了，要赶紧治疗。

五天之后，扁鹊又去拜见齐桓侯，说齐桓侯的病已经在血液中了，不治会更严重。齐桓侯还是坚持自己没病，也不相信扁鹊说的，认为他就是个大骗子。

我看他就是个骗子，你看我哪有病啊？

又过了五天，扁鹊再次拜见齐桓侯，告诉齐桓侯他的病已经到肠胃了，不治的话就无药可医了，齐桓侯听了之后很生气，觉得扁鹊就是在没事找事。

五天之后扁鹊又去见齐桓侯，这次他见到齐桓侯拔腿就跑，齐桓侯很奇怪，派人去问他干吗要跑，扁鹊说现在大罗神仙也救不了你了。果然五天之后，齐桓侯病发，派人去请扁鹊，可是扁鹊早就跑了，不久之后齐桓侯就病逝了。

我叫晨晨，

我和思思一起陪你读《史记》。

你好啊，史记

项目策划 | 周国宝

内容编著 | 陈建成

内容统筹 | 龚道军 刘 挺 方明杨 郑梦圆

插图绘制 | 尚祖山 李 轲 王层层 王 瑞

拉页制作 | 赵媛媛 途有其名

封面设计 | 墨离书画

能行之者未必能言，能言之者未必能行。

《史记·孙子吴起列传》

治世不一道，便国不法古。

《史记·商君列传》

前虑不定，后有大患。

《史记·苏秦列传》

众口铄金，积毁销骨。

《史记·张仪列传》

史记你好啊

战国逐鹿中原

肆

陈建成　编著

中国铁道出版社有限公司
CHINA RAILWAY PUBLISHING HOUSE CO., LTD.

图书在版编目（CIP）数据

你好啊，史记．战国逐鹿中原 / 陈建成编著．—北京：中国铁道出版社有限公司，2021.3（2021.6 重印）

ISBN 978-7-113-26296-9

Ⅰ．①你…　Ⅱ．①陈…　Ⅲ．①中国历史－战国时代－通俗读物　Ⅳ．① K220.9

中国版本图书馆 CIP 数据核字（2019）第 213376 号

书　　名：你好啊，史记：战国逐鹿中原

作　　者：陈建成

策划编辑：聂浩智

责任编辑：孟智纯　**读者热线：**（010）63549485

插画绘制：尚祖山　李　轲　王层层　王　瑞

责任印制：赵星辰

出版发行：中国铁道出版社有限公司（100054，北京市西城区右安门西街 8 号）

印　　刷：中煤（北京）印务有限公司

版　　次：2021 年 3 月第 1 版　2021 年 6 月第 2 次印刷

开　　本：710 mm × 1 000 mm　1/16　**印张：**24.5　**字数：**500 千

书　　号：ISBN 978-7-113-26296-9

定　　价：238.00 元（全 7 册）

阅读指南

我有很多问题想问古人！
读《史记》的晨晨
我当时也有很多问题想问古人！
写《史记》的司马迁
读读《史记》，你就能穿越历史。
读《史记》的思思

史记中的人

战国时期是春秋大变革时期的延续，从三家分晋、田氏代齐，诸侯国你争我夺，直到秦灭六国完成统一。这套书第三册和第四册介绍的是战国历史。本册为第四册，介绍的是战国后期的历史。

战国后期秦国全力东出，最终秦昭王灭东周，秦始皇统一六国。这一时期赵国是秦国主要劲敌，楚国实力依然较强。战国后期名人辈出，名士纵横捭阖，将军战场争锋，赵武灵王、蔺相如、范雎、屈原等能力非凡，“战国四公子”竞相亮相，给历史留下了不朽的篇章。

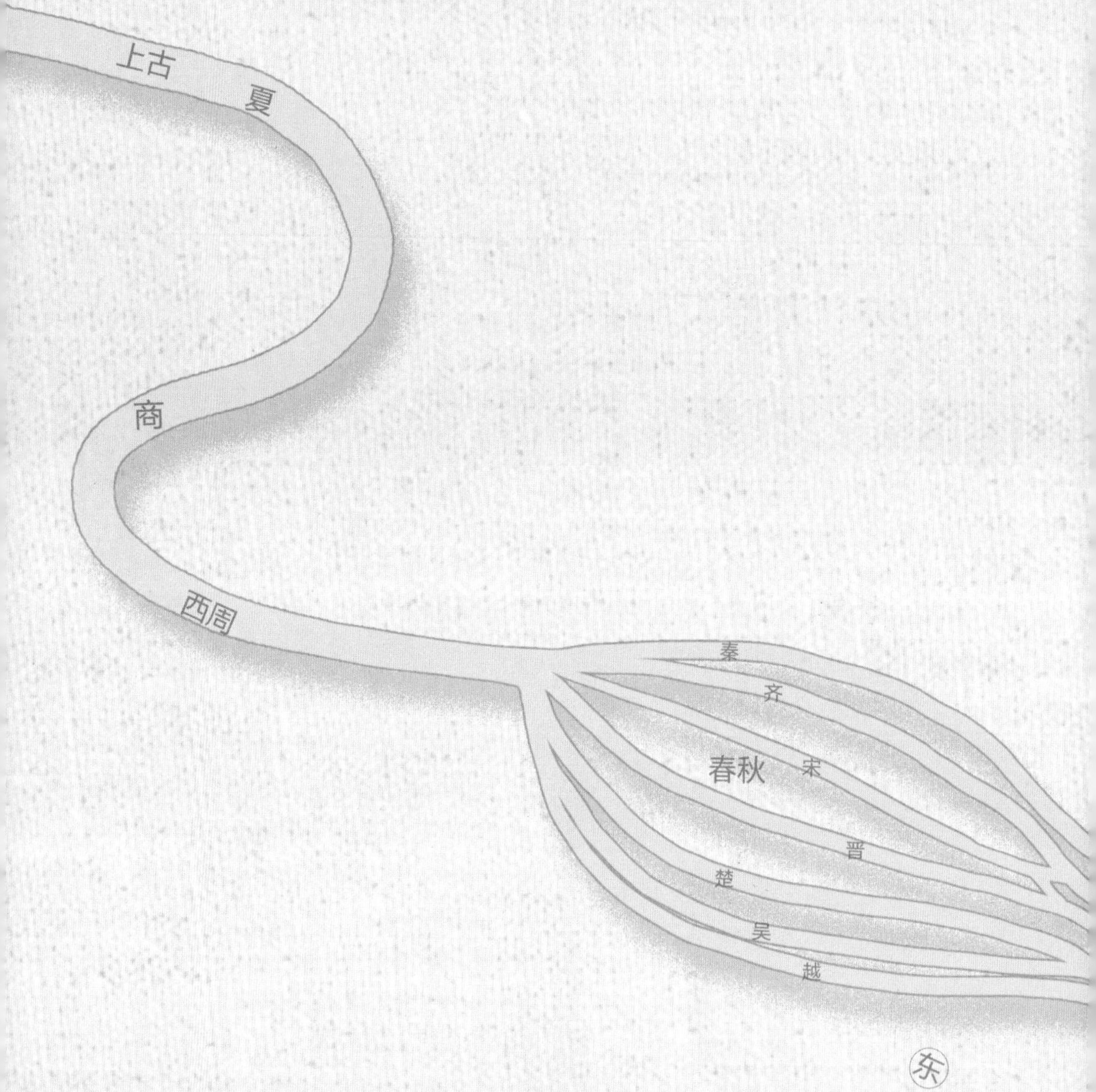
上古
夏
商
西周
秦
齐
春秋
宋
晋
楚
吴
越
东

史记

记历史

记精彩人生

记成长的动力

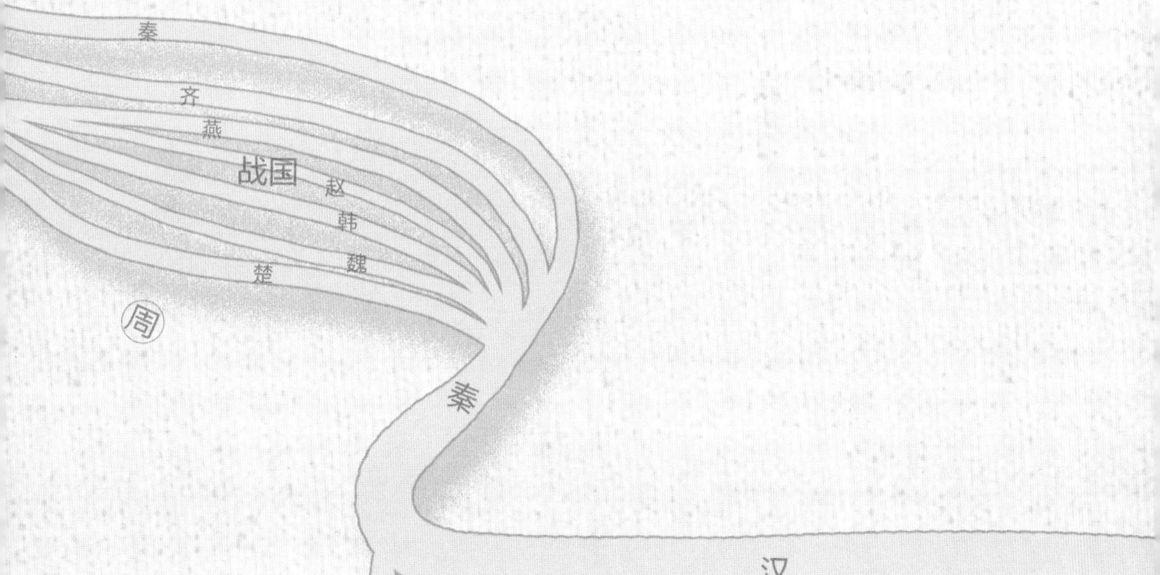

目录

26

一代雄主赵武灵王

27

高风亮节的屈原

28

广收门客的孟尝君

29

深谋远虑的蔺相如

30

重情重义信陵君

31

功过分明的范雎

32

不畏强秦的荆轲

33

传奇商人吕不韦

一代雄主赵武灵王

出处

《史记卷四十三·赵世家第十三》

赵武灵王，嬴姓，赵氏，名雍，是战国中后期著名的政治家、改革家。赵武灵王即位的时候，赵国还不是特别强大，经常被中原大国欺负，周边的一些游牧民族也时不时打秋风，就连邻境小国也不把赵国放在眼里。于是，赵武灵王推行『胡服骑射』政策，赵国因此得以强盛。

少年老成

妙计妙计！

三家分晋后，赵籍当上诸侯，建立赵国。等传到赵肃侯的时候，经过他的努力，赵国悄然崛起。公元前326年，赵肃侯去世了，赵武灵王继位。当时的魏王、楚王、秦王、燕王和齐王来参加葬礼，却各自带着军队，想要来捞点好处。

你，把这送给越王，他懂的；你，去找韩王……

赵武灵王命令全国戒严，跟韩国和宋国合作，又给越国送礼，挑唆越国攻打楚国，还贿赂楼烦王袭击燕国。同时，赵武灵王规定只有吊唁的使者能够进入赵国，不允许军队靠近。

这五个国家的使者一看赵国的气势如此足，参加完葬礼便匆匆离去。就这样，赵国的危机在赵武灵王强硬的态度下，不耗费一兵一卒就得到了解决。

胡服骑射为强国

赵武灵王在位的时候，赵国北边的邻居时不时就来袭击赵国。但是赵国大军一到，他们转身就跑，赵武灵王很是头疼。为此，他不断总结教训。

我想改穿胡人的衣服，学胡人骑马射箭，你看行不？
这个可以有。

赵武灵王发现胡人的衣服都是窄袖短袄，活动起来很方便，便决定学习胡人。几天后，赵武灵王带头穿着胡服上朝，可是不少大臣都反对穿胡服，赵武灵王的叔叔赵成干脆就装病不上朝。

好了，我已经决定了。
大……大王，我突然病了，我跟你请几天假。

无奈之下，赵武灵王跑到赵成家里，对他长篇大论地说了一通，软硬兼施，赵成最终点头了。第二天赵成就穿着胡服上朝，这之后唱反调的大臣们无话可说，只得也换上胡服。

叔叔，我也是为了赵国好啊。

胡服推行不久，赵武灵王又让赵国的士兵练习骑马射箭。几年后，赵国的军事实力大大增强，赵武灵王不但占领了胡人大片土地，还灭了中山国，成了北方最强大的国家。

穿上这身衣服，你害怕嘲笑吗？
蠢人的嘲笑，我从不畏惧。

摇摆不定出祸事

赵武灵王中年的时候很喜欢一个妃子，甚至废了太子赵章改立她的儿子赵何为太子。两年后，正值壮年的赵武灵王就退休了，自称为“主父”。他是想着让儿子赵何坐镇赵国，自己可以专注于跟别国的战争。

我是他老爸.
我是他儿子.

公元前 297 年，赵何继位，即为赵惠文王。第二年，赵武灵王灭了中山国，回来之后论功行赏，封赵章为安阳君，由田不礼辅佐。但是田不礼一直给赵章吹耳边风，加上赵章也很有野心，两个人一拍即合。

公子，大王本来就应该你当.
正合我意，拿了我的给我还回来!

公元前 295 年，群臣朝见赵惠文王，赵武灵王看到赵章向弟弟屈尊叩拜，心里不好受。于是，他就想把赵国一分为二，让赵章做代国的王，但后来因事情太多便不了了之。

哼!

老赵啊，一人做事一人当，还是把小赵叫出来吧。

之后的一天，赵章跟田不礼趁赵武灵王带着赵何去沙丘的时候造反。失败之后，赵武灵王收留了赵章。赵惠文王以主父窝藏反贼的罪名围困主父的宫室达三个月，父子俩都被活活饿死了。此后，赵惠文王任用廉颇、蔺相如等能臣，从此赵国威震诸侯，居山东六国之首。

废长立幼又后悔，你害怕嘲笑吗?
那次老糊涂了。

高风亮节的屈原

出处

《史记卷八十四·屈原贾生列传第二十四》

屈原，芈姓，屈氏，是战国时期楚国的政治家。他早年受楚怀王信任，管内政外交大事，后来因为被贵族排挤而遭到流放。楚国郢都被秦军攻破后，屈原自沉于汨罗江，以身殉国。屈原还是一位伟大的爱国诗人，他的作品《楚辞》与《诗经》并称『风骚』。

坎坷的政治生涯

楚国自吴起变法后，国力越来越强。但到了楚怀王的时候，楚国已经开始慢慢衰落了。屈原早年很得楚怀王的信任，经常和楚怀王讨论国家大事，接待各国使节。当时的上官大夫为了能得到楚怀王的宠信，就在他面前说屈原的坏话，屈原被贬为三闾大夫。

大王，屈原老不靠谱了，您颁布的法令，屈原说是他的功劳。

屈原被贬退之后，秦国的相国张仪来到了楚国，以献地为借口诱骗楚怀王和齐国断交。楚怀王受骗后一气之下出兵攻打秦国，结果惨败。于是楚怀王重新启用屈原，让他出使齐国，跟齐国重新搞好关系。

快快快，你们谁能去一趟齐国？

在这期间，张仪又一次来到楚国，为瓦解齐楚联盟四处活动。最终楚国与秦国结盟了，屈原因此被逐出郢都，流放到了汉北。

公元前 299 年，屈原回到郢都，当时秦昭王约楚怀王在武关见面，楚怀王去了却被秦扣留，最终死在秦国。之后楚顷襄王上位，屈原被放逐到江南。

楚怀王在世的时候，屈原跟上官大夫作斗争；楚顷襄王上位的时候，屈原又在跟公子子兰作斗争。他报效祖国的志向，敌不过小人的嚣张气焰，最后只能抱有遗憾。

为气节而死

屈原被流放到江南，长期住在那儿。公元前 278 年，秦国攻下了楚国国都，听到这个消息的屈原披头散发地来到汨罗江边，他边走边唱，形体消瘦，面色憔悴。

哎！

一位正在钓鱼的老渔夫看到屈原，问他怎么到这里来了。屈原感叹所有人都沉醉了却只有自己是清醒的，很痛苦。老渔夫劝屈原随和一些，屈原却要坚持自己的操守。老渔夫见屈原坚持，只好无奈地离开了。

众人皆醉我独醒，
举世皆浊我独清，
活着没意思啊！
大夫何必
如此呢？

最终，屈原怀抱石头，投入汨罗江自杀而死。

大政治家与大诗人

屈原是个名副其实的政治家，但他在人们记忆中更多的是诗人的身份。说到屈原，人们对他的第一印象是中国历史上第一位伟大的爱国诗人。屈原在诗歌方面很有才华，他不仅创作出了很多脍炙人口的作品，而且还创作了“楚辞”这种文体。

不过与别人不相同的是，屈原的文风比较凄清，那是因为他在政治上很是不如意，空有一腔报国情怀却无用武之地。他只能将自己满腔愤激的情绪写成诗歌，如《九歌》《离骚》等。这些诗歌一直流传至今，今天我们仍然在学习屈原的诗歌。

广收门客的孟尝君

出处 《史记卷七十五·孟尝君列传第十五》

孟尝君，妫姓，田氏，名文，战国时期齐国的贵族。他用自己的万贯家财供养了数千名门客。这些门客中既有真才实学之人，也有鸡鸣狗盗之徒。孟尝君对他们不分贵贱，平等对待。这些门客也在许多关键时刻帮助了孟尝君。今天的我们又能从孟尝君的故事中得到哪些启发呢？

长大后我就不一样

产房
恭喜老爷，是个公子！

孟尝君，出身于齐国王室。他出生于五月初五，古代人迷信，说这天五毒尽出，是个灾难日，这天出生的孩子长到门楣那么高时会给爸妈带来厄运。

自己儿子你也忍心把他扔了？
他是谁？

他老爸田婴生怕这个儿子给自己带来灾难，因此要把孟尝君扔了。孟尝君的老妈不忍心，瞒着田婴把孟尝君养大了。

这小子还挺聪明的！
2.26米
你说我长到门楣那么高的时候会害了你，那把门楣修高点不就行了。

田婴知道真相后十分生气，机智的小孟尝君于是跟他爹来了段对话。

欧了，把帽子也给我吧.
小文啊，老田家就交给你了，好好干！

后来孟尝君用自己的才华彻底征服了田婴，于是田婴把家交给他打理。孟尝君的名声逐渐在各个诸侯国传开来。

鸡鸣狗盗巧出秦

孟尝君继承了他父亲的财产之后收了很多手下。他这个人比较和善，所以很多人都来投奔他。

哎，你也来了啊。
那必须的啊，听说这里包吃包住呢。

秦昭襄王听说了孟尝君的大名，就请他来做秦国相国，孟尝君送了个狐皮大衣给秦昭襄王做见面礼，希望秦昭襄王能善待自己。可是秦国的大臣就不高兴了，就跟秦昭襄王说孟尝君不是秦国人，肯定不是一条心。

大王，你看我这大衣怎么样？
这小子，是来抢我饭碗的吗？
小田，人来了就行，还送什么礼啊。

秦昭襄王听了大臣们的意见就决定把孟尝君囚禁起来，准备杀掉他，孟尝君就急忙派人去向秦昭襄王的宠姬求救。但是宠姬说没有狐皮大衣就不帮孟尝君。

夫人，请您帮忙说说情，田公子要是被扣留，我们可就惨了。

原来是狗叫啊，我
还以为有人来了呢。
搞定！
汪……汪……

你怎么这么不厚道，
现在把孟尝君扣着
不放，以后还有谁
敢来秦国。
有那么夸张吗？

孟尝君的手下们正着急，有个手下就拍着胸脯说自己有办法。当天夜里，这个小弟就披着狗皮，去秦宫把大衣偷回来献给了宠姬。

宠姬得到狐皮大衣后，果然很讲信用，当天就替孟尝君向秦昭襄王说情去了。

果然掌握一门外语
还是很重要的啊！
喔……
喔……

孟尝君出来了之后赶紧带着手下们逃跑。半夜到了秦国的边境，但是城门是关闭的，孟尝君急得满地转悠。这时，有一个手下学起了鸡叫。守门的士兵以为天亮了就打开了城门，孟尝君这才顺利地逃出了秦国。

自作主张的门客

孟尝君虽然每年的收入很多，但是根本养不起他那三千小弟，所以他就在薛城放债。

有一天，孟尝君派冯驩（huān）去薛城收利息。小冯到了之后发现很多利息收不回来，于是他便想了个办法，买好酒菜请所有借钱的人吃饭。

公子说了，暂时还不起的，重新打个欠条明年还，实在还不起的，我今儿就当着大伙把账本烧了吧。
你觉得可信吗？
管他真的假的，反正借条烧了便宜也占了。
这么多全烧了好可惜啊！

冯驩回来后，孟尝君很生气，后果很严重。冯驩说他觉得反正钱也收不回来，干脆做个人情，帮孟尝君买了一回“情义”。田老大听着觉得很有道理，也就气消了。

你有没有买土特产给我？
老板，我买了“人情”送给你。
天下有这好事？
好人啊，我敬你一杯！
你看你都把我写成什么人了！
你看我这不还写了你善用人才嘛。
史

深谋远虑的蔺相如

出处

《史记卷八十一·廉颇蔺相如列传第二十一》

蔺相如，战国时赵国的上卿，著名的政治家、外交家。《史记》中描写了不少关于蔺相如的小故事，完璧归赵体现了蔺相如勇敢的个性，渑池之会展现了蔺相如大义凛然的精神，负荆请罪展示了蔺相如的远见卓识。

十五座城换一块宝玉

赵惠文王是一代明君，他广召天下有才之士，从谏如流，蔺相如就是其中之一。有一回，赵惠文王得到了一块和氏璧，秦昭襄王听说了，就写一封信给赵惠文王，说愿意拿十五座城换这块宝玉。赵惠文王跟大臣们商量，大家都觉得左右为难，正在这时，大臣缪贤推荐了蔺相如。

我家有个叫蔺相如的门客，我觉得他有办法。

最终，赵惠文王让蔺相如带着和氏璧前往秦国。蔺相如把和氏璧献给秦昭襄王，秦昭襄王非常喜爱，传给大臣、侍妾一个一个地看，却一句不提十五座城的事。蔺相如看出秦昭襄王要反悔，就以指出宝玉瑕疵的借口把玉给要了回来，并威胁秦昭襄王如果硬抢的话就直接把宝玉摔碎了。

都别过来，再过来我就摔了！

秦昭襄王怕他把玉真的撞碎了，只好跟蔺相如约定举行一个献玉典礼。岂料，蔺相如一回到驿站，就叫手下人化了装，带着和氏璧抄小路先回赵国了。秦昭襄王因为两国的交情只好放了蔺相如。

渑池会护赵尊严

公元前279年，经过三年战争的秦昭襄王想和赵惠文王讲和，便派使者前往赵国，约赵惠文王在渑（miǎn）池见面。赵惠文王害怕秦国，不想去。经过廉颇、蔺相如一通劝说，赵惠文王决定在蔺相如的陪同下去赴会。

大王，要是一个月之后您还没回来，我就要另作打算了。
只好这样了。

到了渑池，双方便在筵席上叙谈，秦昭襄王饮到酒兴正浓的时候，让赵惠文王弹瑟助助兴，还让秦国史官记载下来。蔺相如见此很不高兴，就让秦昭襄王敲缶助兴，秦昭襄王听了勃然大怒，不肯答应。

听说赵王会弹瑟，不知道今天我有没有耳福啊？
好说。

这时，蔺相如走上前去献上一个瓦缶，秦昭襄王还是不肯敲。蔺相如要和秦昭襄王拼命，秦昭襄王只好为赵惠文王敲了一下瓦缶，蔺相如也让赵国史官记载下来。直到酒宴结束，秦昭襄王始终未能占赵国的上风，赵惠文王平安回国。

请秦王敲缶助兴！
呵，你知道自己在做什么吗？

从斗气到合作

渑池之会结束回国之后，蔺相如因为功劳大被封为上卿，地位比战功赫赫的老将军廉颇还要高。廉颇因此心里很不服气，扬言说要当面羞辱蔺相如。蔺相如知道后，便处处避让廉颇，甚至直接称病不上朝了。

走快点，
别正面起
了冲突。

有一次，蔺相如乘车外出，远远望见廉颇骑着马迎面而来，急忙叫手下避开。蔺相如的手下以为他是害怕廉颇，经过蔺相如的一番解释，之后他的手下们也对廉颇手下的人处处谦让。

我哪是怕他啊，这要
跟他内讧了，不是给
秦国看笑话嘛。
上卿真的是
大度啊。

这件事传到了廉颇的耳中，廉颇觉得十分惭愧。于是他脱掉上衣，在背上绑了荆杖，到蔺相如家请罪。蔺相如见廉颇态度诚恳，便请他坐下，两人坦诚畅谈，从此成为至交。之后，两人齐心协力，一起帮助赵惠文王，赵国变得更加强大。

廉兄明白我的用意就好啊。
相如兄，都怪我太小气了。
哈哈哈，这跟我语文课本上的画面一模一样。

重情重义信陵君

出处《史记卷七十七·信陵君列传第十七》

信陵君，名叫魏无忌，是战国时期魏国著名的军事家、政治家。魏无忌的哥哥当政的时候魏国正走向衰落，魏无忌效仿孟尝君、平原君，礼贤下士，招揽了三千门客，曾经两次击退秦军进攻，挽救了赵国和魏国的危局。

一句话引发的猜忌

魏国从马陵之战开始衰落，到了魏安釐（xī）王的时候实力已经不行了。当时魏国有个公子叫无忌，是魏安釐王的异母弟弟，被封为信陵君。信陵君为人比较宽厚，当时很多人都去投奔他，因此威名远扬，各诸侯国连续十多年都不敢侵犯魏国。

魏
告示
老哥，这上面写啥了啊？
这你就不知道了吧，信陵君收人啦！

大哥，不用担心，赵王只是来打猎的。

有一次，信陵君正跟魏安釐王下棋，边境发来警报说赵国入侵，魏安釐王要回去召集大臣商议对策，信陵君劝阻魏安釐王，要接着下棋。可是魏安釐王坐立不安，全无心思下棋。

无忌太可怕了，以后要防着点。

过了一会儿，又有人传来消息说是虚惊一场，魏安釐王很惊讶，奇怪信陵君怎么知道的，公子说自己有个门客能探到赵王的秘密。魏安釐王听了很害怕，从此不敢任用信陵君处理国事。

谦谦君子礼贤下士

信陵君为人宽厚，礼贤下士。当时有个叫侯嬴的隐士，因为家里穷，就在大梁城东门看门。信陵君听说了之后就想去拜访他，并送他厚礼，侯嬴拒绝了。于是信陵君大摆酒席，请大家吃饭。客人都来齐了之后，信陵君亲自带人到东城门去迎接侯嬴。

你下来，我要亲自驾车去接先生。

侯嬴整理了一下破旧的衣帽，直接上了车，丝毫没有谦让的意思。之后，侯嬴半路上又要去见朋友朱亥，跟朱亥站在街市上聊天，把信陵君晾在集市任人围观，信陵君也丝毫没有责怪的意思。

人不错，值得结交。
这小子有意思啊。

到家后，信陵君领着侯嬴坐到上席，并向全体宾客恭敬地介绍侯嬴。在大家酒兴正浓的时候，信陵君走到侯嬴面前为他祝寿。在这次宴会散了后，侯嬴便成了信陵君的上客。

这位老先生是我费了好大劲才请来的客人，我们一起敬他一杯！

危难之际救赵国

长平之战的第三年，秦军围攻赵国国都，信陵君的姐夫平原君发出急信，向魏国请求救兵。魏安釐王派晋鄙带军队去救赵国，刚走到半路就被秦昭襄王得知。秦昭襄王威胁魏安釐王，魏安釐王很害怕，就让军队驻扎在邺城。

公子，有信到！

平原君久等救兵不来，又派人来求救，信陵君很是忧虑，多次请求魏安釐王出兵，魏安釐王始终不肯听从。信陵君只好自己凑集了一百多辆战车，打算带人去跟秦军拼命。

老弟啊，不是我不救，实在是秦国太强大了啊！

临走时，侯嬴建议信陵君去找魏王的宠妃如姬帮忙去偷兵符。信陵君曾经帮如姬报仇，如姬答应帮这个忙。果不其然，她盗出兵符交给了信陵君。

公子，其实不用来硬的，我有办法。

这是兵符，魏王派我来让你出兵救赵国。
真帅。
明明是假帅嘛！

信陵君到了魏军驻扎的地方时，假称魏安釐王的命令代替晋鄙为将，晋鄙合了兵符，验证无误，但还是有所怀疑。随行的朱亥趁晋鄙不备杀死了他，然后信陵君派军队开赴前线抗击秦军。秦军不敌，撤离而去，赵国因此得以保住。

功过分明的范雎

出处《史记卷七十九·范雎蔡泽列传第十九》

范雎（jū），字叔，是秦国相国，著名政治家、谋略家，因封地在应城，所以又被称为『应侯』。范雎学富五车，胆识过人，当了秦相之后经常替秦王出使东方各国。就这样，范雎靠着自己的嘴皮子瓦解了六国的联盟，六国再也不能阻止秦国东出了。

装死逃过一劫

范雎是魏国人，他因家里穷曾经在魏国中大夫须贾门下混饭吃。有一次，魏昭王派须贾出使齐国，范雎也去了。须贾在齐国晃了几个月一事无成，而范雎因为齐王的欣赏收到了很多礼物。

范叔的口才我喜欢，赐酒。

须贾很不高兴范雎在齐国出风头，他认为范雎肯定出卖了魏国。回国后，须贾因为嫉妒就把这件事告诉了魏国的相国魏齐。

相爷，范雎那小子吃里扒外。

这家伙就是个叛徒，你们谁都可以来欺负他！

魏齐听了之后大怒，便让人把范雎打得奄奄一息。当时范雎假装死去，魏齐就派人用席子把他卷了卷，扔在厕所里。范雎贿赂看守逃了出来，投奔了自己的好友郑安平，然后改名叫张禄。后来范雎在郑安平的帮助下见到了秦国使者王稽，就这样他逃到了秦国。

帮助秦王收回大权

王稽回国后向秦昭襄王推荐了范雎，秦昭襄王不相信这套，只让范雎住在客舍，给他粗劣的饭食吃。就这样，范雎等了一年多才得到秦昭襄王的接见。

大王，我这次出使魏国遇到了一个妙人，要不要见一见？
欺名盗世之辈，不见！

当时，秦国宣太后和穰（ráng）侯魏冉把持朝政、独断专行，秦昭襄王很烦恼。恰好，魏冉准备越过相邻的韩国与魏国，派兵攻打齐国，借此扩大自己的封地。范雎趁机给秦昭襄王写了一封信。

天助我也！

快去请这位先生，哈哈哈哈！

读了这封书信，秦昭襄王心中大喜，便派人用专车去接范雎。范雎向秦昭襄王说出自己的计划，秦昭襄王听从范雎的建议，收回了自己的权力。就这样，范雎一跃成为了秦国的高层。

范相国报仇记

魏昭王感受到了秦国的强大，终日惶恐不安。丞相魏齐听说秦相张禄是魏国人，就派须贾到秦国求见秦相希望两国讲和。已经当上秦国相国的范雎听说须贾到了秦国，特地换了一身破旧的衣服去见他。

啧，须贾要来，去拿件破衣裳来。

范叔你还活着？！怎么混成这样了啊？

须贾见到范雎还活着，吓了一跳，两人寒暄了一番。须贾友好慰问了范雎之后，见他衣服单薄，顿时心生怜悯，就送了他一件粗丝袍，并且留他一起吃饭。

吃饭的时候，须贾趁机问起范雎能否有门路见到秦国的丞相张禄，范雎说自家主人跟张禄挺熟，可以引见，便亲自驾车将须贾带到了相府。

在相府门前，须贾一直没等到进去禀报的范雎，便忍不住询问看门的人，这才知道范雎就是张禄。他大惊失色，赶紧脱光上衣跪在相府门前请罪。范雎看在粗丝袍的分上，放了须贾一马。

范叔，你宰相肚里能撑船，饶我一命吧！

之后，须贾向范雎辞行，范雎请所有诸侯国的使臣吃饭，却当着众人的面羞辱了须贾一番。须贾回到魏国，把情况告诉了魏昭王，魏王愿意割地求和，魏齐走投无路，最终自杀。

相国与将军谁错了？

公元前 260 年，秦昭襄王采用范雎的谋略，施行反间计使赵国上当，最后秦将白起率领秦军在长平大败赵军，各诸侯国从此失去了抵抗的意志。当时，韩赵两国对白起十分忌惮，派苏代献上丰厚的礼物给范雎，请他说服秦昭襄王允许韩、赵割地求和。

白起要是再立战功，
可就位居您之上了。

秦昭襄王听从了范雎的意见，白起却从此与范雎结下仇怨。后来，秦国再次出兵攻打邯郸，白起称病，不肯出征。即使秦昭襄王亲自命令，范雎亲自动员，白起照样不给面子。

快去，就说我找将军有事。
将军，相国求见。

秦昭襄王无奈，只好改派别人，结果秦军伤亡惨重。听到这样的消息，白起开始说风凉话。秦昭襄王听到后十分生气，强令白起出征，白起自称病重，再次拒绝了秦昭襄王的任命。

白起将军的病还没好吗?
不听我的意见，看看现在都成什么样了！哼！

秦昭襄王一怒之下把白起贬为普通士兵，让他离开咸阳。白起离开咸阳的时候，秦昭襄王觉得白起很不服气，于是就赐了一把宝剑，命令白起自杀，一代名将就此陨落。不过之后范雎也因为推荐了错误的人而失去秦昭襄王的信任，不得已辞归封地。

哎，我又有什么错呢?

你干吗把我说成这样?
我就夸张了点，哪知道后人都不求证的。
史

不畏强秦的荆轲

出处 《史记卷八十六·刺客列传第二十六》

荆轲，姜姓，庆氏，是战国时期著名刺客。荆轲喜欢读书击剑，为人慷慨侠义，游历到燕国的时候被田光推荐给太子丹。后来太子丹派荆轲入秦行刺秦王，荆轲带上礼物去见秦王，结果刺杀秦王的时候失手了，被秦王拔剑击成重伤后被侍卫所杀。

大侠风范

燕国是战国七雄里比较弱的一个北方国家，在经历了乐毅变法、五国伐齐的短暂辉煌后，又衰落了。燕太子丹本来在秦国做人质，秦国灭了赵国之后，他便逃了回去。回去之后太子丹想要报仇，最终找到荆轲帮忙。

荆轲是名剑客，为人豪爽，而且他对自己的剑术非常自信，曾经游历诸国，喜欢与人讨论剑术，因此结识了许多豪侠义士。

我能一剑把正在飞舞的树叶劈成两半！

荆轲到燕国以后，结交了擅长击筑的高渐离，他们经常在一起唱歌喝酒。荆轲好酒，但却生性沉稳，燕国的侠客田光也与他有来往，田光知道他不是平庸的人。

哈哈哈，痛快痛快！

当时燕太子丹对于秦王心有怨恨，所以一直想找人去刺杀秦王，太子丹让田光想办法，田光举荐了荆轲。于是荆轲成了太子丹的座上宾，被好吃好喝地照顾着。

到底谁才合适呢？
我知道了，这个人肯定行。

过了一段时间，荆轲准备了一把有毒的匕首、督亢的地图和秦国叛逃到燕国的樊於期的人头。出发前，他在易水边和高渐离告别，然后唱着别离的歌，跟同伴秦舞阳一路远去。

风萧萧兮易水寒，壮士一去兮不复还。
难为先生了！
看着真悲壮啊！

差一点刺死秦王

荆轲来到了秦国国都咸阳，表明自己是太子丹派来求和的使者，还带来了地图和樊於期的人头，秦王政非常高兴地接见了荆轲。

荆轲捧着装了樊於期头颅的盒子，秦舞阳捧着地图，两人一起进殿拜见秦王政。荆轲慢慢打开地图让秦王政观看，等到地图全部打开时，荆轲预先卷在地图里的一把匕首就露出来了。

荆轲抓着匕首向秦王政刺去，秦王政躲到了屏风后，荆轲追过去，大殿上有人大声提醒秦王政把佩剑推到背后以便拔出。荆轲最终被秦王政的剑砍伤，卫士一拥而上，杀死了荆轲，刺秦王的计划失败了。事后，秦王政大发雷霆，派王翦带领军队去攻打燕国，燕王喜和燕太子丹逃往东北。

传奇商人吕不韦

出处

《史记卷八十五·吕不韦列传第二十五》

吕不韦，战国末年著名商人、政治家、思想家。他扶植秦国公子子楚继位为秦庄襄王，庄襄王去世后，太子嬴政继位，吕不韦被封为相国，号称『仲父』。他还主持编纂《吕氏春秋》，该书汇合了先秦各派学说，是秦道家的代表作。

不甘心只做生意人

吕不韦是卫国人，他是个生意人，但是他从不在自己的国家待着，而是在各个地方做生意，哪个地方都去。由于商人的社会地位低下，吕不韦虽然很有钱，但是却没什么地位，所以他很苦恼。

我这有钱别人也不把我当回事啊。

这人是谁?
酒

内心极不服气的吕不韦决定转换自己的身份，向政界进军，谋个一官半职。恰好有一次，吕不韦在邯郸出差时遇到了秦国的公子子楚，他觉得子楚是个潜力股。

于是，吕不韦去拜访子楚，说服子楚跟自己合作。然后他拿出五百金送给子楚，作为日常生活和交结宾客之用。又购买了大量奇珍异宝带到秦国，进行公关活动。

我能光大你的门庭，公子感兴趣不？

之后，吕不韦在秦国到处搞关系，凭借自己的三寸不烂之舌，让子楚成功地当上了秦国太子的继承人。后来子楚当上了秦国的王，即为秦庄襄王，吕不韦也顺利地成为秦国丞相。又过了三年，秦庄襄王的儿子嬴政继承王位，吕不韦被拜为相国。嬴政就是后来的秦始皇。

奇货说的是谁？

说到吕不韦看好子楚，有个成语叫“奇货可居”，是什么意思呢？公元前267年，秦国的太子死在魏国后，秦昭襄王的第二个儿子安国君被立为太子。子楚作为秦昭襄王庶出的孙子，安国君的儿子，不受重视，被打发到赵国当人质。

秦国跟赵国关系很差，经常打仗，所以赵国不喜欢子楚，看他不顺眼，他乘的车马很是破旧，日常的财用也不富足，生活十分窘迫。

吕不韦在邯郸做生意的时候，见到子楚后非常喜欢，决定赌一把。虽然子楚兄弟二十多个，能当上接班人的可能性不大，但是吕不韦了解到太子的正妃华阳夫人没有儿子，子楚可以当义子，就对人说子楚就像一件奇货，以后必定很有价值。然后他亲自登门拜访子楚，约定光大子楚的门庭，让他以后做秦国太子，为此子楚叩头拜谢吕不韦。

先生简直就是我的救命恩人啊！
子楚兄多礼了！

一个字价值千金

去，你去找点文人来，老爷我也要出出名。

吕不韦当秦相的时候，“战国四公子”风靡全世界。吕不韦觉得自己好歹是个秦国的丞相，不应该被他们比下去，所以他也招来文人学士做门客，给他们优厚的俸禄。

那时各诸侯国有许多英才都著书立说，吕不韦就让他的门客各自将所见所闻记下，综合在一起有二十多万字。他认为里面包括了天地万物古往今来的事理，所以号称《吕氏春秋》。

瞧一瞧，看一看啊，一千金的生意不做白不做啊！

吕不韦还把书的内容写在布匹上，然后将其贴在咸阳的城门上，上面悬挂着一千金的赏金，说如果有人能增加或者删减一个字，就给予一千金的奖励。但是直到最后也没有一个人能够做到。

我叫晨晨，

我和思思一起陪你读《史记》。

你好啊，史记

项目策划 | 周国宝

内容编著 | 陈建成

内容统筹 | 龚道军　刘　挺　方明杨　郑梦圆

插图绘制 | 尚祖山　李　轲　王层层　王　瑞

拉页制作 | 赵媛媛　途有其名

封面设计 | 墨离书画

举世混浊而我独清，
众人皆醉而我独醒。

《史记·屈原贾生列传》

城不入，臣请完璧归赵。

《史记·廉颇蔺相如列传》

廉颇闻之，肉袒负荆，
因宾客至蔺相如门谢罪。

《史记·廉颇蔺相如列传》

风萧萧兮易水寒，
壮士一去兮不复还！

《史记·刺客列传》

史记你好啊

秦朝一统天下

伍

陈建成　编著

中国铁道出版社有限公司
CHINA RAILWAY PUBLISHING HOUSE CO., LTD.

图书在版编目（CIP）数据

你好啊，史记．秦朝一统天下 / 陈建成编著．—北京：中国铁道出版社有限公司，2021.3（2021.6 重印）
ISBN 978-7-113-26296-9

Ⅰ．①你…　Ⅱ．①陈…　Ⅲ．①中国历史－秦代－通俗读物　Ⅳ．① K220.9

中国版本图书馆 CIP 数据核字（2019）第 213368 号

书　　名：你好啊，史记：秦朝一统天下
作　　者：陈建成

策划编辑：聂浩智
责任编辑：孟智纯　**读者热线：**（010）63549485
插画绘制：尚祖山　李　轲　王层层　王　瑞
责任印制：赵星辰

出版发行：中国铁道出版社有限公司（100054，北京市西城区右安门西街 8 号）
印　　刷：中煤（北京）印务有限公司
版　　次：2021 年 3 月第 1 版　2021 年 6 月第 2 次印刷
开　　本：710 mm × 1 000 mm　1/16　**印张：**24.5　**字数：**500 千
书　　号：ISBN 978-7-113-26296-9
定　　价：238.00 元（全 7 册）

阅读指南

我有很多问题想问古人！
读《史记》的晨晨
我当时也有很多问题想问古人！
写《史记》的司马迁
读读《史记》，你就能穿越历史。
读《史记》的思思
史记中的人

秦朝是中国历史上第一个大一统王朝，是由战国时期的秦国发展起来的，秦王嬴政统一六国之后建立了秦朝。秦朝对中国历史产生了深远的影响，它结束了自春秋战国以来五百年来诸侯分裂割据的局面，中国从此走向统一。

秦王嬴政自称始皇帝，他当上帝王以后做了很多的大事，如实行书同文、车同轨，统一度量衡，设立郡县等。但同时秦始皇也滥用民力，导致百姓纷纷起义，统一仅十余年的秦朝于公元前 206 年灭亡。

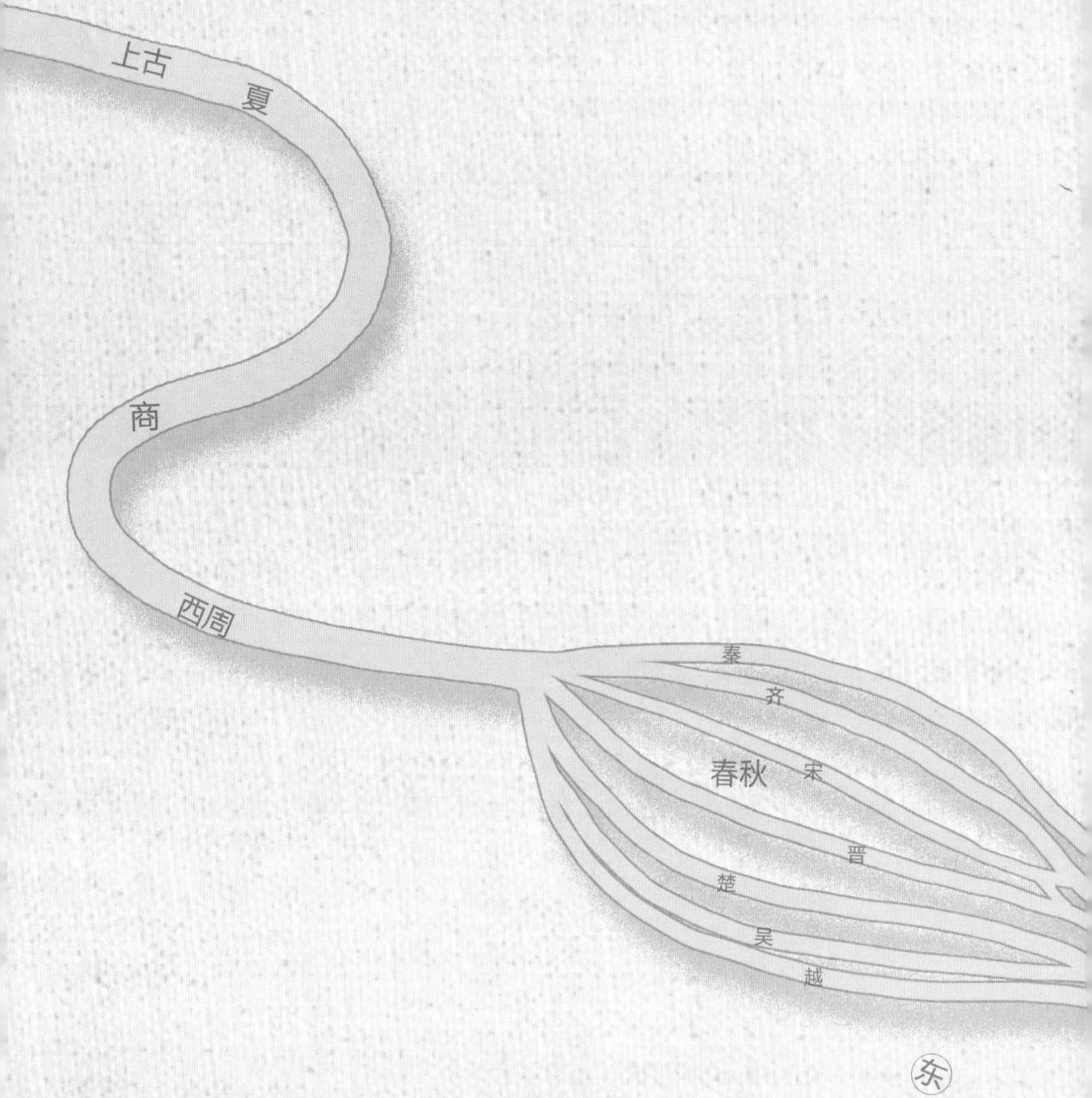
上古
夏
商
西周
秦
齐
春秋
宋
晋
楚
吴
越
东

史记

记历史

记精彩人生

记成长的动力

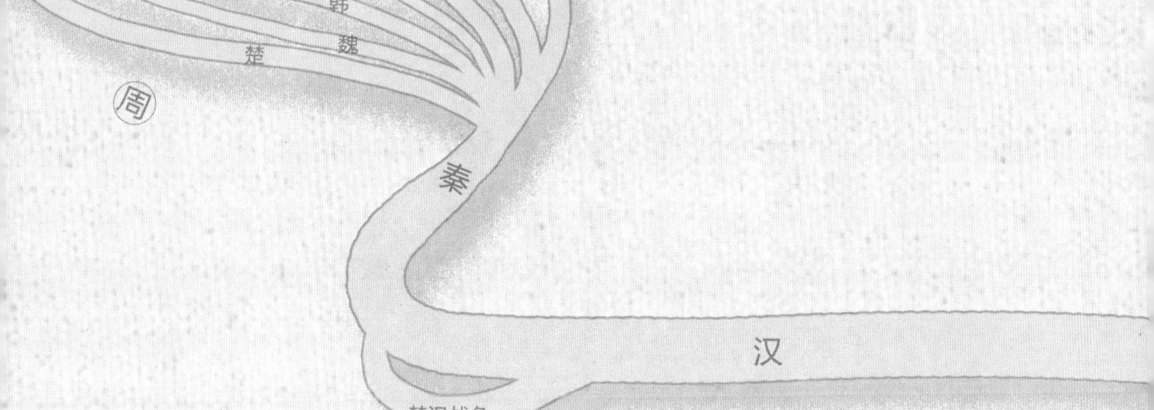

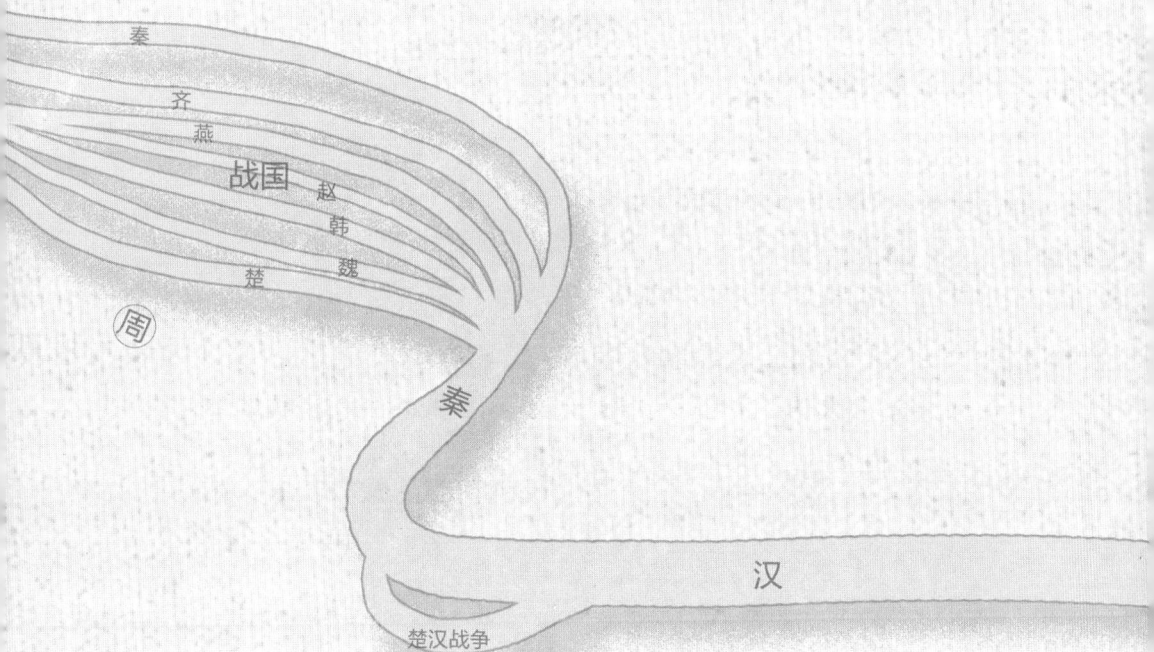

目录

38

胸有大志的陈胜

39

叱咤风云的项羽

40

刚正不阿的季布

千古一帝 秦始皇

出处 《史记卷六·秦始皇本纪第六》

秦始皇，嬴姓，赵氏，名政，又名祖龙，是历史上著名的政治家、战略家，也是中国历史上第一个称帝的君主。公元前221年，嬴政先后灭了六国，完成了统一中国的大业，建立秦朝，因为他认为自己的功劳胜过之前的三皇五帝，所以采用了『皇帝』的称号，自称『始皇帝』。

统一六国

公元前259年，战国时代已经走向末期，七雄中的六国都已经被强秦打得元气大伤。这一年，嬴政出生于赵国的都城邯郸。嬴政的老爸庄襄王去世得早，于是十三岁的他就继承了王位，当时还是个孩子的嬴政便把国家大小事务都拜托给丞相吕不韦，尊称吕不韦为“仲父”。

公元前238年，嬴政在故都雍城举行了成人仪式，开始亲自管理政务。他先是平定嫪毐（lào ǎi）之乱，之后放逐吕不韦。然后，嬴政就开始大展拳脚，对六国采取军事行动。

从公元前233年开始，山东六国中的五个国家先后臣服。公元前221年，嬴政派将军王贲攻打齐国，山东六国中的最后一个国家——齐灭亡。从此，春秋战国以来在中国大地上形成的诸侯争霸、连年混战的局面结束了，秦国统一六国，嬴政自称秦始皇。

是不是好皇帝？

秦始皇一生功劳无数，被尊称为“千古一帝”，人们都说他是中国历史上最伟大的皇帝，这些都说明秦始皇的功劳多得数不清。那么让我们来看看秦始皇有哪些功绩吧！

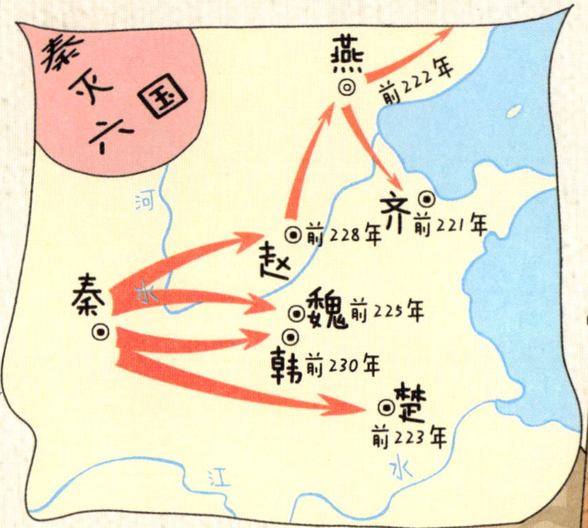
秦灭六国
燕
前222年
河
赵
前228年
齐
前221年
秦
水
魏
前225年
韩
前230年
楚
前223年
江
水

统一六国。秦国是战国后期军事实力最为强大的国家，秦王嬴政统一六国，结束了春秋以来数百年的战乱。

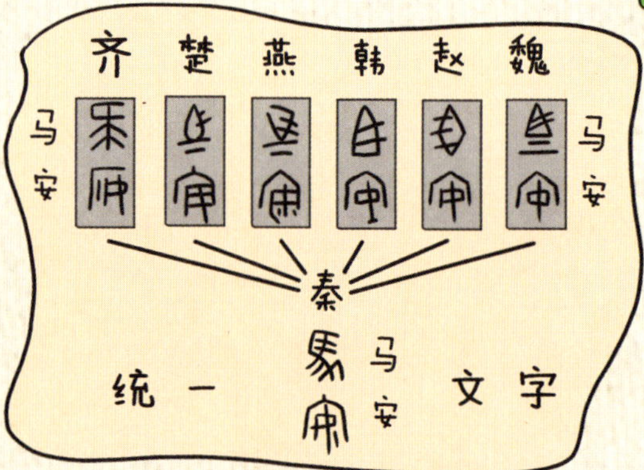
齐 楚 燕 韩 赵 魏
马
安
马
安
秦
统 一
马
安
文 字

书同文。秦朝建立之后，秦始皇统一了文字，开始使用小篆，之后又在民间流行笔画更为简单的隶书。

修筑万里长城。修筑长城的目的是抵御北方少数民族的入侵。

统一货币和度量衡。秦始皇规定在全国统一使用圆形方孔的秦国铜钱，以商鞅时的度量衡作为衡量长短、大小、轻重的标准。

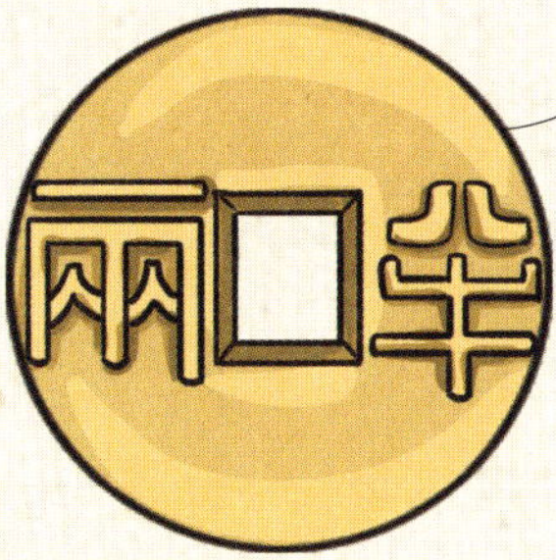

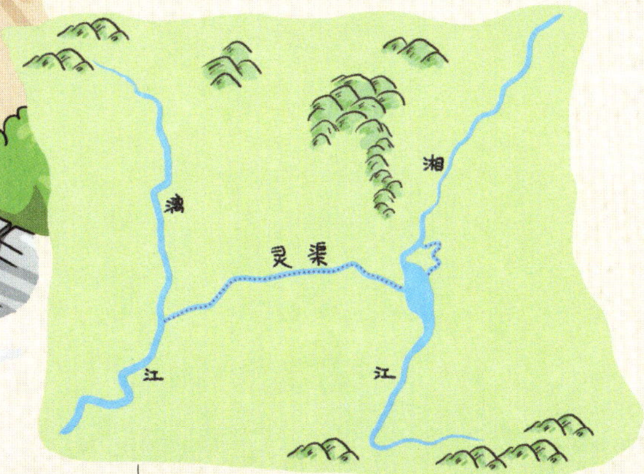

沟通水系。为解决南方运输困难，秦始皇派人开凿了灵渠，把长江和珠江两大水系连接起来。

车同轨。秦始皇规定各地马车车辆上两个轮子的距离一律从宽窄不一改为六尺，使车轮的距离相同。这样，全国各地车辆往来就方便了。

希望长生不老

秦始皇比较迷信，他刚当上皇帝的时候曾经出游过。有一次因为大风的原因，没办法渡过湘水，秦始皇就怪罪湘君女神。于是，他让手下上山砍伐树木，来报复湘君。

去，把山上的树全砍了，看着生气！
诺！

之后，秦始皇又开始迷恋长生不死之术，派人千方百计地寻求灵丹妙药。他听信了当时著名的方士徐福、卢生等人的谎言，还派人挑选童男童女几千人，到海中去寻找仙人。

这丹药真香啊！

秦始皇还曾经五次大规模地出巡，都是为了找到神仙，求得仙药。秦始皇总是到海边出巡，因为他听说神仙总是在海边出现。

神仙呀神仙，
你在哪里呢？

吃了这个丹药就能长生不老吗？
史
不试怎么知道！

为什么修长城？

秦始皇为求长生不老，让方士卢生出海寻找蓬莱山，寻求长生不老药。卢生回来后，向秦始皇表示自己没找到不死之药，但却拿到了一

本“仙书”，上面写着“灭亡秦朝的是胡”。秦始皇看到后，认为“胡”是指匈奴，于是让将军蒙恬北伐匈奴，又修筑万里长城，防止少数民族南侵。

灭亡的真相

秦始皇统一天下之后很是自满，从此开始无休无止地征调犯人和奴隶去修长城、建宫殿、筑陵寝等，刚刚脱离战乱之苦的老百姓，又身陷疲于奔命的劳役之中。

你，去派人修长城；你，找人修宫殿；还有你，给我去修陵墓。

秦始皇很喜欢六国华丽的宫殿，所以每打败一个国家，他都要让人将宫殿的图画下来，然后在咸阳照原样仿造一座。在这些宫殿中，最大最有名的属阿房（ē páng）宫。

不错不错。
阿房宫

老百姓对秦始皇的行为有很多怨言，为了防止叛乱，秦始皇制定了严酷的法律，这引起了读书人的不满，他们纷纷指责秦始皇。于是丞相李斯建议秦始皇进行焚书以建立威严。秦始皇的种种暴行，引起了老百姓极大的不满，这也为秦朝的迅速灭亡埋下了伏笔。

毁誉参半的李斯

出处《史记卷八十七·李斯列传第二十七》

李斯，字通古，是秦国的丞相。李斯为秦始皇出谋划策，提供了很多中肯的意见，协助秦始皇统一天下。但是秦始皇死后，他却与内侍赵高合谋，伪造遗诏，迫使秦始皇的长子扶苏自杀，立其小儿子胡亥为二世皇帝。最终，李斯受到赵高的忌惮，被判腰斩。

觉醒的粮仓管理员

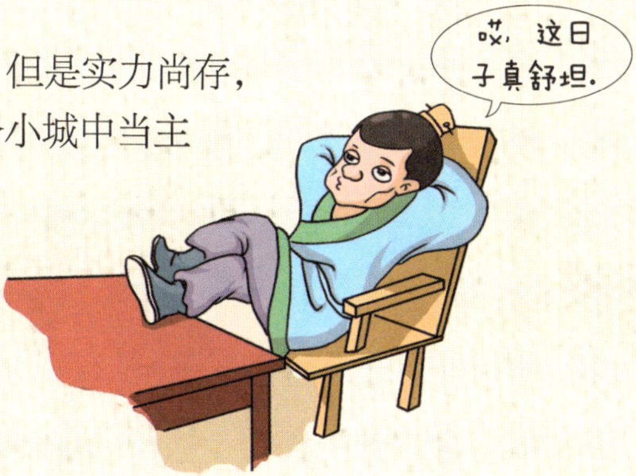
哎，这日子真舒坦.

李斯年轻时楚国虽然已迁都，但是实力尚存，曾一度复兴。当时李斯在楚国一个小城中当主管粮仓的小吏，工作清闲，日子过得优哉游哉。直到有一天，两拨老鼠给他上了一课。

某天早上，李斯内急，来到茅房的时候看见几只骨瘦如柴的老鼠，这些老鼠正在吃脏东西，见人或者狗来了便受惊逃跑。

回到粮仓，李斯看到粮仓里的老鼠却是又大又肥，见人开仓也不慌不忙的。这件事让李斯想到了人生，不得不感叹一番，从此他发愤图强，准备干出一番事业来。为此，李斯辞职了，特地到齐国拜荀子为师，学习如何治理国家。

人出不出息，还是要看环境啊！

从门客到丞相

学成之后，李斯投靠在秦国丞相吕不韦的门下，这样就有了接近嬴政的机会。有一次他游说嬴政，每一句话都说到嬴政的心坎上，于是李斯成了嬴政的随身幕僚。

大王，你可不是一般人，注定要改变世界啊！

之后，嬴政在李斯的指导下开始用金银珠宝去各国收买、贿赂人才，同时离间六国的君臣，效果显著。李斯被嬴政任命为客卿，地位更加尊贵。

齐
赵
楚
你去赵国看看有没有可用之人。
你去齐国走一趟吧！
楚国可有点棘手，你万事小心。

不久，韩国怕被秦国灭掉，便派水工郑国到秦鼓动修建水渠，为的是消耗秦国人力财力，结果这件事暴露了。加上当时各国都派间谍来秦国做宾客，嬴政就觉得外来人都不能信任，想要把他们都赶出去，李斯刚好也是其中一个。

好不容易混出头了，
我可不走。

于是李斯就给嬴政写了一封信，嬴政看到这封信后，豁然开朗，马上派人去追回李斯，然后取消了逐客令。接下来的二十多年，李斯帮助嬴政扫平六国，成功实现了大一统，最终李斯被嬴政任命为丞相。

帮助胡亥窃取皇位

公元前 210 年，年逾半百的秦始皇在第五次出巡的途中病倒了。他给公子扶苏写了一封书信，让扶苏到咸阳参加葬礼，但书信还没来得及交给使者，秦始皇就去世了。

快，把这个交给我儿扶苏。

当时，书信和印玺都在赵高手里，只有秦始皇的小儿子胡亥、丞相李斯和赵高以及五六个亲信宦官知道秦始皇去世了，其余群臣都被蒙在鼓里，赵高因此扣留了秦始皇给扶苏的书信。

怎么才能从中获利呢？

赵高跟胡亥密谋，让他假称秦始皇的遗诏上说要杀掉扶苏，立胡亥为太子。胡亥同意了赵高的计策以后，赵高又去找李斯，经过一番威逼利诱，最终李斯与他们狼狈为奸。

丞相要是不帮我们，等公子回来，恐怕就没你什么事了。

公子你应该先查证诏书的真伪。
父皇要儿臣命，儿臣只好遵命了。

他们三人伪造了秦始皇的诏书，立胡亥为太子，并指责公子扶苏不配继承皇位，命令扶苏自杀。最终扶苏自杀身亡，胡亥被立为二世皇帝。这也为秦朝的灭亡埋下了祸根。

中华第一勇士 蒙恬

出处

《史记卷八十八·蒙恬列传第二十八》

蒙恬，姬姓，是秦国著名的将军。蒙恬出身名将世家，自幼胸怀大志，曾驻守上郡十余年，威震匈奴，被誉为『中华第一勇士』。秦统一六国后，蒙恬率军修了万里长城和九州直道。可惜秦二世胡亥即位后，蒙氏兄弟被赐死，蒙恬吞药自杀。

威风的军人世家

蒙恬出身于一个世代名将之家，他的父亲和祖父都是赫赫有名的大将军。

祖父：蒙骜
我曾经侍奉过秦国四个大王，屡立战功，我儿子也颇有我的风采。
父亲：蒙武
算是继承了父亲的事业，之前还跟王翦一起攻破了楚国。
我很厉害的，大破过匈奴，还主持修建了万里长城。
蒙恬
我跟哥哥不一样，我不喜欢打打杀杀，经常跟在皇上的身边，专门为他出谋划策。
弟：蒙毅

争气的兄弟俩

秦国有很多有名的战将，而蒙恬是其中最闪亮的大将军之一。秦朝建立后，蒙恬管军事在外统兵，使得匈奴“不敢南下而牧马”，他还率军收复了河套等地，不愧为一代名将。

蒙毅是蒙恬的弟弟，兄弟俩一文一武。与哥哥不同，他主要在内辅佐秦始皇。每次外出，蒙毅常与秦始皇共乘一车，特别受皇上的器重。由于他和哥哥深得秦始皇尊宠，在当时有“忠信”之称。

枉死在小人手上

蒙恬从小立志报效国家，他的弟弟蒙毅也很争气，两人深得秦始皇的信任。有一次，内侍赵高犯了大错，蒙毅依秦法判其死罪，但却被秦始皇给赦免了，从此赵高就记了仇。

光宗耀祖

皇上，这人犯错了
一定要处置啊！
就你？还想
弄死我？

秦始皇病死后，赵高派使者捏造罪名赐死蒙恬。蒙恬请求申诉，使者就把蒙恬交给主管官吏，并将他囚禁在阳周。胡亥杀死扶苏之后打算释放蒙恬，赵高却担心蒙氏兄弟再次上位当权，于是他趁机给胡亥吹耳边风，想要铲除蒙氏兄弟。

先主曾经要立公子为太子，蒙恬当初百般阻挠。

最后，胡亥囚禁并杀死了蒙毅，又派人前往阳周去杀蒙恬，蒙恬被逼服毒自杀。一代名将就此陨落，不得不说是秦朝的一大损失。

勇而多谋的王翦

出处 《史记卷七十三·白起王翦列传第十三》

王翦，战国时期秦国名将，帮助秦始皇攻破赵国都城邯郸，消灭燕、楚。王翦是秦始皇兼灭六国的最大功臣，与白起、李牧、廉颇并列为战国四大名将。王翦还是琅琊王氏和太原王氏的始祖。

战功高调人低调

王翦是秦国的一员猛将，他一直都比较低调，一直到秦始皇横扫六国的时候才声名鹊起。作为一名一流名将，王翦擅长用计谋，比如他用反间计杀掉了赵国的李牧。王翦作战求稳，作战之前会做详细的考虑，不打无把握的仗。

功成身退的牛人

公元前 224 年，秦王嬴政召集群臣商议灭楚的计划，老将王翦说要 60 万人，李信表示只要 20 万人。嬴政听后十分高兴，当即命李信率兵伐楚。王翦因此称病辞朝，告老还乡。

诸位对于伐楚怎么看？
我只要 20 万就能搞定。
老臣我需要 60 万兵马。

不料，李信被楚军打得落花流水，大败而归。嬴政大怒，这才想起王翦，便亲自前去请他出山。王翦答应了他，但又提出了新的条件，让秦王赏赐他大片良田、屋宅。

好好好，都听你的。
大王，我出征可是有要求的。

就这样，王翦带兵出征了。不过，他还没出函谷关的时候，就连续五次派使者回朝廷催促嬴政牢记承诺。最后，连王翦的部下也开始担心会不会太过分，王翦表示自有用意。

将军，我们仗还没打呢，您天天催领导，怕是不合适吧。
你懂什么。秦王心眼小，我这么做是为了让他放心。

王翦的大军抵达楚国之后整整一年闭关不出，将士们甚至每天比赛投石打发时间。楚军见屡次挑战都得不到回应就向东而去，王翦趁机追击，最终打败楚国。王翦凯旋之后，在庆功会上再次表示要告老还乡，嬴政高兴地答应了。从此，王翦过上了幸福的晚年生活。

秦
秦
秦
秦

胸有大志的陈胜

出处《史记卷四十八·陈涉世家第十八》

陈胜，字涉，是秦朝末年农民起义的领袖之一。因为秦法严厉，他与吴广一同在大泽乡率众起兵，后来被秦将章邯打败，遭车夫刺杀而死。陈胜、吴广虽在起义后不久就失败了，但各地纷起响应的起义部队最终还是推翻了秦王朝的统治。

小人物却有大志向

秦朝末年，秦二世的残暴统治让秦朝民不聊生。陈胜年轻的时候和别人一起被雇佣耕田，他不甘心受人奴役，同情和自己命运相同的人。有一次，陈胜和几个帮工坐在地头休息，他感慨地说以后富贵了也不要忘记彼此。

要是哪天咱们有人发达了，千万不要忘了其他人啊！

和陈胜一起受雇用的伙伴们嘲笑他，陈胜扭开头，不理他们。沉默了一会儿，他长叹着说："唉！燕子、麻雀这类小鸟怎么能理解大雁、天鹅的远大志向呢！"

你看他，又说胡话了。
我不跟你们一般见识。

公元前 209 年，秦朝征发九百名壮丁去驻守边境，陈胜、吴广都在行列之中，还被任命为屯长。结果，半路上遇到大雨，他们耽误了期限。过了规定的期限，按照秦朝法律是要杀头的。

怎么办呢？误期就是死路一条啊！
要不我们反了吧？反正横竖都是死。

于是，陈胜和吴广私下商量解决办法，两人决定起义反秦。他们谋划了一番，最后陈胜登高一呼，很多人都响应他，他趁机宣布要推翻秦朝。秦朝从此陷入了人民战争的汪洋大海。

横竖都是死，不如我们拼一把吧！
他说得有点道理啊！
不不不，我不要送死。
能成事吗？

反秦第一人

前面说到陈胜和吴广揭竿而起，这里我们来说说他们是怎么做到的。

陈胜跟吴广讨论了一番，决定打着深受爱戴却生死不明的公子扶苏和楚国将军项燕的旗号起义，之后他们又专门找了一个算卦的卜问吉凶。

我心里有点没底，要不我们去占个卜？

陈胜、吴广听了算卦的吉言之后非常高兴。回去后，他们在一块帕子上用朱砂写了“陈胜王”三个大字，塞到渔民捕来的鱼肚子里。看守他们的人买鱼回来吃，发现了鱼腹中的帛书，都觉得惊奇。

怎么了怎么了？

又一天夜里，陈胜又让吴广潜伏到营地附近一座荒庙里，半夜里在寺庙旁点燃篝火，模仿狐狸声音，大声呼喊“大楚兴，陈胜王！”大家惊恐万分，不知道发生了什么。

第二天一早，小伙伴们偷偷议论着昨晚发生的异常，吴广见时机基本成熟，故意激怒押送他们的县尉。县尉果然中计，引起大家的不满，他们趁机杀了县尉，起义就从这里开始了。

敢做第一人，
佩服佩服。
皇帝轮流做，
明年到我家。

不知趣的老乡

陈胜起义之后，有几个当年的小伙伴听说陈胜发达了，连铺盖卷都不要了，扔下锄头就来投靠他。到了陈胜王宫，正巧碰到陈胜出宫，陈胜看到熟人特别高兴，让这几个故人上车，带领他们参观王宫。

这几个人哪见过这么高的宫殿、这么多的楼宇，都看花了眼。他们安顿了之后还经常向陈胜的大臣追忆以前的穷苦时光，不时爆爆猛料，这让陈胜很难堪。

有大臣建议陈胜把他们赶走，陈胜觉得很有道理，琢磨着赶走显得不讲情分，还得搭上财物。就这样，他直接把那些人给杀了。功成名就之后的陈胜听信谗言，诛杀故人，也怪不得起义只进行了不到半年就失败了。

大王，这些人太低俗了，还是把他们赶走吧。
赶走也太不近人情了，刚好没人知道他们来这，直接杀了吧。

叱咤风云的项羽

项羽，名籍，字羽，是楚国名将项燕的孙子，也是以个人武力出众而闻名的武将。项羽年轻的时候跟随叔父项梁起义反秦，自称西楚霸王。后来跟刘邦展开了历时四年的楚汉战争，最后被刘邦打败。公元前202年，项羽兵败垓（gāi）下，突围到了乌江边之后自刎而死。

出处《史记卷七·项羽本纪第七》

从小就有志气

项羽跟陈胜一样，都是秦朝末年的人。项羽小的时候，他的叔叔项梁教他读书练剑，他都是没多久就不学了，项梁特别生气。项羽辩解了一番，说服了项梁，从此项梁开始教项羽兵法。

这也不学，那也不学，想成仙啊？
学文字学剑法都只是小打小闹，我要学就学大本事。

有什么了不起，我可以取代他。
不想死赶紧闭嘴！

秦始皇还在世的时候，有一次他到会稽游玩，驾大船渡浙江，大家都出来观望。项羽说自己可以取代秦始皇，项梁赶忙捂住项羽的嘴，让他说话小心点。

我这侄子力大无比，才气超人，还望各位多多提携啊。
好说好说。

从此项梁也知道这个小伙子志向不小，便早晚都把项羽带在身边，重点培养。

先下手为强

公元前 209 年，陈胜、吴广起义，天下有很多人响应。当时会稽太守想约项梁入伙一起反秦，没想到叔侄俩趁火打劫，把太守杀了，自己当起了带头大哥。

听说项羽打仗很厉害，走，我们去投奔他.
项

由于项梁叔侄是楚国名将的后人，打仗又很厉害，所以有很多人归附他们，就连汉高祖刘邦当时都过来投奔。项羽这一年每战必胜，意气风发。

公元前 208 年，陈胜被杀。项梁听从老谋臣范增的建议，在民间找到楚怀王的孙子熊心，仍立为楚怀王，打着楚国的名义起义。就在这一年，项梁战死，项羽正式走上了历史舞台。

头也不回的勇气

公元前 207 年，赵国巨鹿城被秦朝军队围住，楚怀王安排宋义当总统领，率领义军赶去解救赵国。于是，大军浩浩荡荡地开往巨鹿，到了安阳这个地方，就驻扎下来了。

这次救赵王，就
宋义领兵吧。

这一等就等了 46 天，项羽憋不住了，他去找宋义说理，最后两人翻了脸。当时天气寒冷，又下大雨，士兵们又冷又饿，宋义却在军中饮酒作乐。项羽很是气愤，第二天早上把宋义给杀了。

一个多月都没动静，天天
在这喂蚊子有意思吗？
你懂什么，这叫
以不变应万变。

楚怀王听到消息之后，无奈之下只好让项羽当了总统领，随后项羽派兵渡河救巨鹿。为了表达决心，项羽命令将士每人只带三天的干粮，把军队做饭的锅全砸了，把渡河的船全沉了。将士们受到极大的鼓舞，以一当十，大败秦军。自此，各路诸侯都归属于项羽。

每个人只带三天的干粮，其他的东西全扔了，我们要全力以赴！
楚
楚
楚
他们能成功吗？
我觉得能！

大家都想称王

楚怀王曾经约定谁先攻破咸阳谁就能当王，因此项羽消灭了秦军主力之后就挺进关中。项羽到了函谷关才发现刘邦已经攻破咸阳，他十分生气，就派人攻破函谷关，入关后驻扎在鸿门。

刘
楚
楚
楚
刘邦这小子竟然乘虚而入！

项王，我这次来是有要事商量。

当时刘邦手下的左司马曹无伤派人向跟项羽告密说刘邦想在关中称王，正好项羽的亲信范增也说刘邦很有野心，应该趁早杀了他。于是项羽准备攻打刘邦。

没想到第二天刘邦就来跟项羽道歉，最终项羽原谅了刘邦。然而楚怀王坚持按照以前的约定让刘邦称王，项羽怨恨楚怀王的不公使得他没能率先入关，于是自立为西楚霸王，建都彭城，封了 18 个诸侯王，其中刘邦为汉王。

属下刘邦，
参见项王！

公元前 206 年，齐、赵的诸侯叛乱，项羽带军队前去平乱，刘邦趁机攻打楚国。项羽听闻后，把部将留下来继续攻打齐国，自己亲自率精兵三万去攻打刘邦，从此两人彻底决裂。

刘邦这小子欺
人太甚！
主公息怒！

胜者为王，败者为寇

项羽打仗很厉害，但同时他脾气也很暴躁，加上又不善用人才，周围一批谋士有才干却得不到发挥，于是有的人投奔刘邦去了。最终，刘邦率领大军设下了十面埋伏，把项羽包围在垓下。

项羽的军队不但兵少，而且粮草也不够。有一天晚上，刘邦的营地传来一阵阵歌声，项羽听到四周唱的都是楚人的歌，不觉愣住了，他感到自己大势已去。

来不及收拾悲伤的心情，项羽带上壮士八百多人决定当天夜里突围。他跨上乌骓（zhuī）马，一路上与追兵厮杀，兵士们伤亡很多，等到了乌江边的时候，只剩下 28 人了。

楚
楚

恰巧乌江的亭长正停船靠岸，亭长劝项羽渡江回家乡。项羽说自己没有脸再见父老乡亲了，于是他把乌骓马送给了亭长，转头跟追上来的汉兵肉搏，最终不敌，在乌江边拔剑自刎。两王相争必有一伤，项羽的结局还是因为他的性格决定的。

想不到我堂堂西楚霸王，最后竟是如此下场！
哎……

刚正不阿的季布

出处 《史记卷一百·季布栾布列传第四十》

季布是楚人，爱打抱不平，在楚地很有名气。他曾经帮助项羽多次击败刘邦，项羽兵败之后，季布被刘邦悬赏缉拿。后来刘邦手下夏侯婴替季布说情，刘邦这才饶恕了他，还任命他做了郎中。季布算是项羽的四大将中唯一得以善终的人，他一直活到了汉文帝时期。

曲折的逃亡史

季布是项羽的得力助手，曾经攻打过刘邦，多次使得刘邦陷入险境。刘邦打败了项羽之后，就出千金悬赏捉拿季布，并下令有胆敢窝藏季布的论罪要灭三族。

大家都来看
一看啊！

多谢救命之恩。

季布被刘邦通缉后，他先躲在濮阳一个姓周的人家里，后来官府逐渐搜查到周家，周家的人把季布打扮成奴隶，然后假装把他卖到鲁地一个姓朱的人家。

这人我很佩服，一定不要怠慢他。

朱家人知道季布的名号，对季布很是尊敬。

朱家人想要帮季布一把，于是便去见夏侯婴，并给夏侯婴讲了一番道理。

季布忠于自己的主子并没有错，如果皇上执意要杀他，只会把人才往匈奴那边推。

夏侯婴觉得朱家人说得有道理，就向刘邦说明情况。刘邦是个聪明人，听了之后就赦免了季布的死罪，还特意召见了季布，封他为郎中。

你说得很有道理。

一席话阻止一场战争

快去把人都叫来，这单于欺人太甚。

刘邦死后，汉惠帝刘盈继位，匈奴单于写信侮辱他的母亲吕后，而且出言不逊，吕后大为恼火，召集众位大臣来商议这件事。

我愿意带十万人马，扫平匈奴。

当时樊哙表示愿带领十万人马，横扫匈奴。别人都迎合吕后的心意，只有季布反对，他直说樊哙瞎说，举例说汉高祖刘邦曾经带四十万人都被困在平城。

算了算了，头疼。

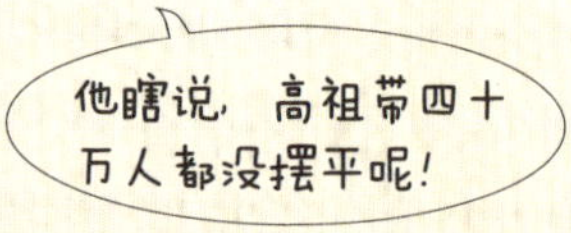
他瞎说，高祖带四十万人都没摆平呢！

在这个时候，殿上的将领都感到惊恐，害怕吕后震怒。吕后却听明白了季布的意思，便赠单于车马作为礼物，单于接受了之后向吕后道歉。这样，汉匈之间及时避免了一场战争。

好酒也怕巷子深

季布有个叫曹丘的同乡，这个人能言善辩，专爱结交有权势的官员，通过阿谀奉承获取钱财。他与皇亲窦长君也有些交情，季布一向看不起他。

曹丘回乡的时候，想要窦长君帮自己写封介绍信给季布，窦长君告诫他不要去见季布，曹丘意志不改，得到信之后就起程去见季布。

君替我给季先生写封介绍信吧！

季布接了信果然大怒，等待着曹丘的到来。曹丘到了之后先对季布作了个揖，说楚人都知道季布一诺千金，之所以有这样的好名声都是自己帮忙宣扬的结果。

这个曹丘，等他来了看我怎么羞辱他。

季布听了非常高兴，于是请曹丘进来，还留他住了几个月，送他丰厚的礼物。后来，曹丘又继续替季布到处宣扬，季布的名声也就越来越大了。

先生何必客气，之前都是我的不对。

我叫晨晨，
我和思思一起陪你读《史记》。

你好啊，史记

项目策划 | 周国宝
内容编著 | 陈建成
内容统筹 | 龚道军 刘 挺 方明杨 郑梦圆
插图绘制 | 尚祖山 李 轲 王层层 王 瑞
拉页制作 | 赵媛媛 途有其名
封面设计 | 墨离书画

前事之不忘，后事之师也。

《史记·秦始皇本纪》

燕雀安知鸿鹄之志哉！

《史记·陈涉世家》

项庄舞剑，意在沛公。

《史记·项羽本纪》

如今人方为刀俎，我为鱼肉，何辞为！

《史记·项羽本纪》

史记你好啊

西汉定国安邦

陆

陈建成　编著

中国铁道出版社有限公司
CHINA RAILWAY PUBLISHING HOUSE CO., LTD.

图书在版编目（CIP）数据

你好啊，史记．西汉定国安邦 / 陈建成编著．—北京：中国铁道出版社有限公司，2021.3（2021.6 重印）
ISBN 978-7-113-26296-9

Ⅰ．①你… Ⅱ．①陈… Ⅲ．①中国历史 - 西汉时代 - 通俗读物 Ⅳ．① K220.9

中国版本图书馆 CIP 数据核字（2019）第 213374 号

书　　名：你好啊，史记：西汉定国安邦
作　　者：陈建成

策划编辑：聂浩智
责任编辑：孟智纯　**读者热线：**（010）63549485
插画绘制：尚祖山　李　轲　王层层　王　瑞
责任印制：赵星辰

出版发行：中国铁道出版社有限公司（100054，北京市西城区右安门西街 8 号）
印　　刷：中煤（北京）印务有限公司
版　　次：2021 年 3 月第 1 版　2021 年 6 月第 2 次印刷
开　　本：710 mm × 1 000 mm　1/16　**印张：**24.5　**字数：**500 千
书　　号：ISBN 978-7-113-26296-9
定　　价：238.00 元（全 7 册）

阅读指南

我有很多问题想问古人！
我当时也有很多问题想问古人！
读《史记》的晨晨
写《史记》的司马迁
读读《史记》，你就能穿越历史。
读《史记》的思思
史记中的人

西汉是中国历史上继秦朝之后的大一统王朝，共历十二帝，享国210年，与东汉统称为汉朝。本册选取的是西汉太祖高皇帝刘邦至吕后掌权时期的历史。

秦末天下揭竿而起，经过楚汉之争，刘邦击败项羽，于公元前202年称帝，国号汉，定都长安，史称西汉。刘邦登基后一面消灭韩信等异姓诸侯王，又分封同姓诸侯王。另一面建章立制，减轻人民负担，发展社会经济。刘邦死后，吕后掌握朝政十多年，虽然外戚专权，但是西汉国力仍然蒸蒸日上。

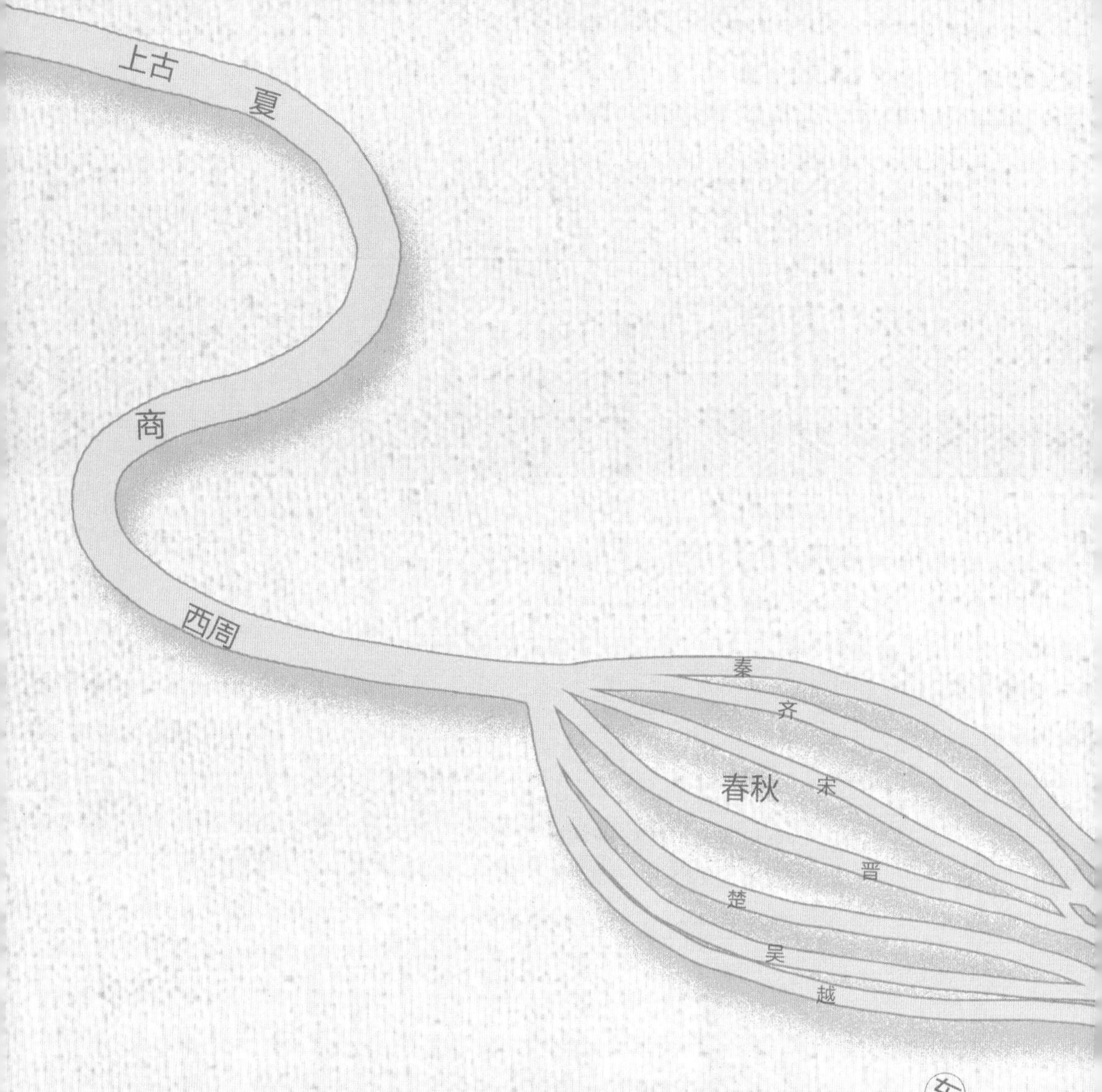
上古
夏
商
西周
秦
齐
春秋
宋
晋
楚
吴
越
东

史记

记历史

记精彩人生

记成长的动力

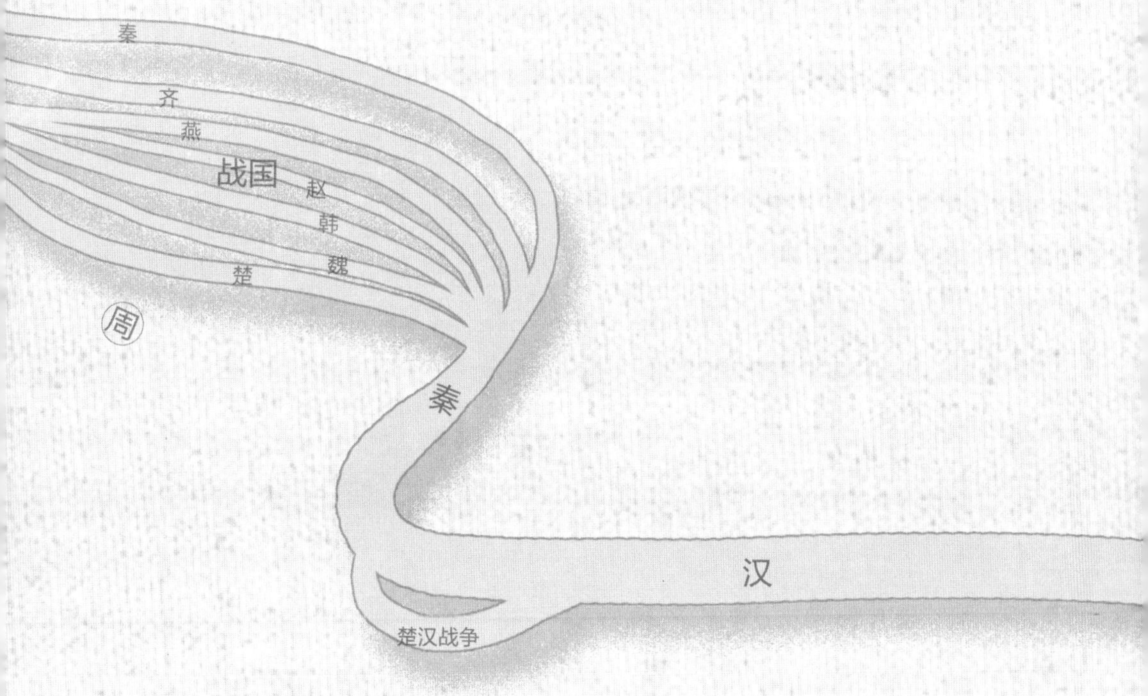

目录

41

汉朝创立者汉高祖

42

兵家奇才韩信

43

奇谋妙计的张良

44

西汉第一功臣萧何

汉朝创立者 汉高祖

出处 《史记卷八·高祖本纪第八》

刘邦，即汉太祖高皇帝，沛郡丰邑中阳里人，即今江苏徐州人，他是汉朝的开国皇帝，也是汉民族和汉文化的伟大开拓者之一，对汉族的发展以及中国的统一有突出贡献。刘邦出身农家，从泗水亭长开始，刘邦朝着『开国皇帝』这个标签一路进击一路奋斗，最后推翻秦朝，建立汉朝，统一天下。

生来就不平凡

汉高祖刘邦的出生很不平凡，据说他的母亲刘媪（ǎo）在大泽岸边休息时，梦中与神交合，雷鸣电闪、天昏地暗之际，似有蛟龙附在她身上。不久，刘媪有了身孕，生下了刘邦。刘邦为人仁厚，心胸豁达。

据说刘邦左边大腿上有72颗黑痣。

汉朝皇帝哪位强，沛郡丰邑有刘邦。

后来，刘邦娶了吕雉做老婆。一天，吕雉带着孩子正在田中除草，一老汉经过，说他们母子有显贵之相。老汉走后，刘邦正巧过来，吕雉就把刚才的事告诉了刘邦，刘邦就去追上了老汉。老汉说刘邦的面相贵不可言。

刘邦当泗水亭长时，因私自释放徒役而逃亡到芒砀山，又醉斩白蛇。而这白蛇叫白帝子，象征大秦朝，似乎在预示着刘邦要成为秦朝的终结者。于是刘邦有了一众追随者，在这秦末农民起义爆发的大浪潮里，刘邦也开始起兵反秦。

入咸阳，灭秦朝

刘邦成为楚国项梁手下大将，楚怀王熊心与诸将约定，先入关中者为王。于是刘邦的军队一路开挂，几番征战后大破秦军，先入关内到达霸上。秦王子婴向刘邦献上传国玉玺，统一了15年的秦朝至此灭亡。

大秦终结者
皇帝不好当啊。

就在刘邦得意地以“关中王”自居，且留恋富丽堂皇的咸阳宫殿时，张良来劝他收敛一点，毕竟天下还未平，刘邦这才率军退回到了霸上。他召集当地名士，和他们约法三章，得到了百姓支持。

杀人者要处死，伤人者要抵罪，抢劫者也要判罪。

刘邦这一系列安民措施，争得了民心，为他日后经营关中，并以此为根据地与项羽争雄天下奠定了基础。

鸿门宴上，亚父范增一直主张杀掉刘邦，而项羽却犹豫不决。随后项庄舞剑，意在沛公，项伯为保护刘邦，也拔剑起舞。在张良、樊哙和项伯的力保下，刘邦最后以上厕所的借口才得以脱身。

据说鸿门宴是历史上最不好吃的一顿饭。

鸿门宴后，刘邦让出咸阳，项羽进咸阳杀子婴烧阿房宫，称“西楚霸王”，封刘邦为汉王。后来，刘邦采用韩信的计策明修栈道，暗度陈仓，返回汉中与项羽争霸，拉开了四年楚汉战争的序幕。

“楚汉相争，鸿沟为界”，这个沟指的是河南荥阳的鸿沟。

西汉的开国皇帝

公元前202年，汉军在垓（gāi）下大败楚军，楚军被围困，夜闻楚歌，思乡厌战，军心瓦解，最后全军覆没，项羽也于乌江自刎。而后刘邦在山东定陶汜（sì）水举行登基大典，定国号为汉，定长安为都，取长治久安之意。

如果萧相国死了，谁来接替他呢?
曹……曹参可以。
那，再以后呢?
在他之后，王陵可以，不过他有点儿笨，陈平可以帮他。周勃深沉厚道，但缺少文才，可安定刘氏天下的一定是周勃，可以让他担任太尉。

大汉第一任丞相萧何
楚王韩信
留侯张良功成身退，在家修仙。

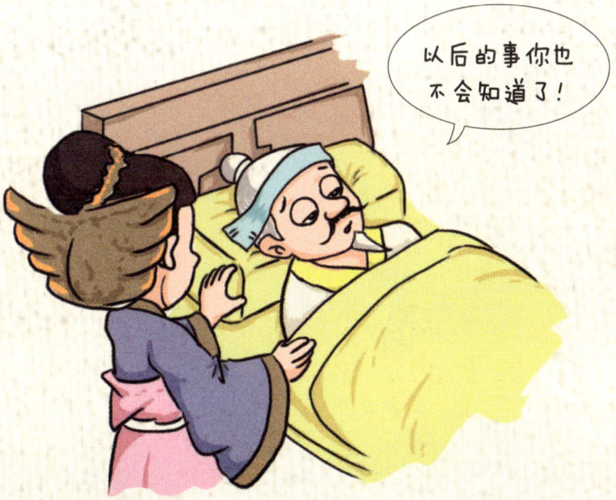
以后的事你也不会知道了！

刘邦称帝时已过半百，步入晚年变得日益猜忌一起打天下的功臣们，还杀白马立盟约：非刘氏皇族成员，不得封王。刘邦在平定英布叛乱时中了箭伤，回到长安病情加重。弥留之际，皇后吕雉问他死后人事的调动安排情况。

从平民起事，到汉朝的开国皇帝，62年的岁月，画上了休止符。刘邦一生共有八个儿子，其中次子刘盈是吕雉的儿子，即后来登基的孝惠皇帝，四子代王刘恒，便是后来的汉文帝。

大娃刘肥
二娃刘盈
三娃刘如意
四娃刘恒
五娃刘恢
六娃刘友
七娃刘长
八娃刘建

我是汉太祖，也是汉高帝，全称是汉太祖高皇帝。
可后世习惯叫你汉高祖。
史

兵家奇才韩信

出处

《史记卷九十二·淮阴侯列传第三十二》

韩信，淮阴人，西汉的开国功臣，与萧何、张良并列为汉初三杰，与彭越、英布并称为汉初三大名将。与他有关的历史典故和成语比比皆是，一生起起伏伏到全剧终，其军事才能和累累战功，以及他的功高于世，和他最后落得个夷灭宗族的下场，都足以让后世人反复咀嚼感慨。

忍胯下之辱

韩信年轻时家中贫困，母亲又去世得早，下乡南昌亭长见他非凡夫俗子，就常约他去家里吃饭，接连数月。亭长的妻子厌恶他，一早便把饭煮好吃掉，等到饭点韩信去了，却不给他准备饭食。韩信明白了用意，一怒之下就离开了。

今天的我你们爱理不理，日后
的我你们高攀不起，哼！

淮阴有个年轻屠户，对韩信说："你虽然长得高大，喜欢带刀佩剑，其实就是个胆小鬼。你要不怕死，就拿剑刺我；如果怕死，就从我胯下爬过去。"韩信打量了他一番后，低下身趴在地上，从他的胯下爬了过去。

我不是怕你，而是
没有道理杀你。

后来韩信去当兵，投靠项羽当了执戟郎中，觉得太憋屈就跳槽去了刘邦那儿，结果刘邦让他去管仓库，韩信觉得不被重用，就撂挑子跑了。独具慧眼的萧何知道此事后，连夜去把他追回来了，还让刘邦给韩信升大官。

在拜韩信为大将军前，萧何对刘邦说：“您决心要任命韩信，就要选择良辰吉日，亲自斋戒，设置高坛和广场，礼仪要完备才可以呀。”刘邦答应了萧何的要求。众将听到要拜大将军都很高兴，人人都以为自己要做大将军了。等到任命大将军时，大家才知道，被任命的竟然是韩信，全军都感到很惊讶。

战必胜，攻必克

大将军韩信一上任，就用“明修栈道，暗度陈仓”的假动作帮助刘邦平定了三秦。又使一招“背水一战”，背水历来是兵家绝地，赵军大将陈馀大笑韩信不懂兵法，自取灭亡。谁知最后，汉兵前后夹击，彻底摧垮赵军。

哈哈哈，你们要背水一战呀！
等会儿把你们包饺子！
汉
汉
汉

刘邦拜韩信为相国，但收了韩信在赵国的精兵，还命令韩信带领剩下的兵马去攻打齐国，这有点儿过分了。可韩信是谁，打仗招招都是必杀技。齐王眼看打不过了，便派人去楚国请求支援，项羽就派龙且率军救援。

不要怂，放马过来！
汉
汉
汉

将军龙且（jū）率楚军追击假装逃跑的韩信，在渡潍水时，韩信命人撤掉上游投堵潍水的沙袋，大水奔泻而下，淹了过来，冲走了龙且大部分的军队。

龙且

潍水一战扭转了楚汉之间的根本局势，项羽失败已不可逆转。

在刘邦、项羽打得不可开交时，韩信扫平诸多障碍。垓下之战中，韩信以“十面埋伏”之计将项羽的军队团团包围，再夜夜唱楚歌来瓦解楚军军心，最后逼得项羽走投无路，在乌江边自刎。

呜~
呜~
呜~
楚
楚
楚
楚
四面楚歌，我想家了，呜呜呜……

一饭千金

韩信还是问题少年时，经常没饭吃，就在河边钓鱼，有几位老大娘在漂洗丝绵，其中一个大娘见韩信饿了，就拿饭给他吃，几十天如此。

等我发达了一定报答您！

韩信很感恩，对大娘承诺，以后一定会重重报答她。大娘生气地说：“大丈夫不能养活自己，我是可怜你才给你饭吃，难道是希望你报答吗？”

我用千金还您一饭之恩.

据说韩信给了下乡南昌亭长一百钱，因为他只值这么多。

韩信身上锋芒太盛，丞相萧何赞他国士无双，汉高祖刘邦称他战必胜，攻必克。这样的人在打天下时是个宝，但是等天下打下来了，他就是个草，还是棵毒草。时间久了，刘邦越来越忌惮他，怕他功高盖主。

造反
狡兔死，走狗烹；
飞鸟尽，良弓藏；
敌国破，谋臣亡。

天下安定了你想谋反，现在凉了吧……
史

奇谋妙计的张良

出处《史记卷五十五·留侯世家第二十五》

张良，字子房，出身于贵族世家，先人是韩国人，青年时代的张良是一个血气方刚的豪侠人物。后来，他成为刘邦智囊团中的核心人物，刘邦赞他『运筹策帷帐中，决胜于千里之外』。同为汉初三杰，功成名就之后，韩信被杀，萧何被囚，张良却能急流勇退，独善其身。

热血少年张子房

张良出身韩国贵族世家，后来韩国被秦灭后，他为报仇，用全部财产寻求勇士谋刺秦始皇。他到东方拜见仓海君制订谋杀计划，并找了个大力士，为他造了120斤重的铁锤。秦始皇到东方巡游，张良与大力士在博浪沙埋伏袭击。

这两辆车都是天子六驾的标配，我砸哪个啊？
那一辆更奢华点，就那个，砸准了啊！
秦
秦
秦
秦
秦

可张良没瞧准，大力士误砸中副车，没砸中秦始皇。秦始皇在全国大肆缉拿围捕刺客，张良逃到了下邳（pī）。在这里，他遇到了传说中隐身岩穴的高士黄石公，还得到了一本通关秘籍——《太公兵法》。

小子，下去把鞋捡上来！
给我把鞋穿上！
算了，反正捡都捡了……
孺子可教。

黄石公又三次夜约张良到桥上谈人生，后来的张良足智多谋、文武兼备、助刘邦立国皆源于此。

运筹帷幄，决胜千里

秦末各地起义渐起，张良也举兵反秦，与刘邦偶遇后一见如故，他多次根据《太公兵法》向刘邦献策，刘邦多能领悟并采纳，于是张良果断跟随了刘邦。楚怀王与诸将约定先入咸阳者立为王，刘邦想用两万人去攻打秦朝峣关，张良觉得不妥。

妙啊妙，阿良，还是你有主意！
峣关守将贪财，我们先给他点好处，再趁机一锅端了！
两次交战，秦兵崩溃大败，刘邦先入咸阳，秦王子婴跪降。

张良以高级参谋的身份在刘邦身边统观大局、部署战略，危难之时帮刘邦化险为夷。比如鸿门宴，他让刘邦认怂；再比如刘邦分封到偏僻荒凉的巴蜀，张良让他忍住；韩信中途想称王，刘邦暴跳如雷，还是张良教他忍让。

阿良，挺住，加油！
等下我偷偷先撤，阿良你留下断后！
……

鸿门宴

当刘邦与项羽掰了后，一心想复韩的张良，没料到项羽灭了韩国，张良相韩的幻梦彻底破灭。于是张良回到了刘邦身边，很多人说，张良算是项羽送到刘邦身边来的，这话其实也有道理。

郦食其（lì yì jī）让我把土地分封给六国，阿良你怎么看？
出这样的计策，别是个傻子吧！

首先第一点……第二点……第八点，如果把土地都分给六国后人，那这些将士谋臣都各归其主，谁还会随您争夺天下呢？
郦食其这个臭儒生，差一点儿坏了我的大事！
事实证明，张良的确是一位洞察秋毫的谋略家和富有远见的政治家。

功已成，身当退

刘邦正式即帝位后，想着定都哪里，本想定洛阳，张良一听，觉得洛阳地小贫瘠，容易四面受敌，还是关中好，“金城千里，天府之国”！刘邦觉得很对，于是，汉五年八月，刘邦正式定都长安。

运筹帷幄，决胜千里，我比不上子房。给你在齐国选个三万户作为封邑吧。
子房只愿受封留县就足够了。

张良随刘邦经过济北，见到谷城山下的黄石。他忽然想起，授自己《太公兵法》的黄石公说过，十三年之后，济北谷城山下的那块黄石就是他。

小伙子，你十三年后到济北见我，谷城山下的黄石就是我！
黄石公
那老爷爷也跟孙悟空一样是从石头里蹦出来的啊！
这块石头真是那个老爷爷吗？

历史到此，留侯张良一生的夙愿基本满足，加上体弱多疾，又目睹韩信等有功之臣的悲惨结局，深悟“狡兔死，走狗烹；飞鸟尽，良弓藏；敌国破，谋臣亡”的哲理，于是他自请告退，在家专心修道养性。

子房你都几天没吃东西了，你看你瘦得跟猴儿似的……
这是成仙的必修课。
人是铁，饭是钢，不吃饭怎么行？
修道之人，不食人间烟火。

史
原以为你高大威武，可一看你的画像，相貌却像个美丽的女子。

西汉第一功臣萧何

出处

《史记卷五十三·萧相国世家第二十三》

萧何，沛县丰邑人，早年任秦沛县县吏，秦末辅佐刘邦建立西汉王朝，史称『萧相国』。作为刘邦的重要谋臣，他为西汉王朝的建立和政权的巩固，做出了重大的贡献。『萧何月下追韩信』的历史佳话使萧何堪称识才惜才的典型，但『成也萧何，败也萧何』的史实也是萧何这位西汉功臣一生中最经典的概括之一。

慧眼独具的老萧

萧何是一个通晓法律的能人，早先是沛县县令手下的官吏，特别喜欢结交朋友。刘邦还是亭长时，萧何多次凭着自己的职权保护他。两个草根之间，结下了深厚的情谊。而萧何也坚信刘邦是个干大事的人，后来就跟着刘邦起义。

剩下的布条我全给你吃了，我看你们还怎么跟我家阿邦争当领导！

“先入关者为王。”刘邦攻入咸阳的这一路上，萧何身为丞督，坐镇大后方，督办军队的后勤供应。萧何准备援兵和粮草，支援速度贼快，把后勤工作做得十分到位。

快递已发货。
收件人：阿邦
订单详情：亲，士兵与粮草今日发货，预计明天到达哦。
发件人：你的老萧
任意门

后来刘邦进了咸阳，将领们都争先奔向府库，分取金帛财物，唯独萧何进入咸阳后，一不贪恋金银财物，二不迷恋美女，却急如星火地赶往宫室收取秦丞相及御史掌管的那些法律条文、地理图册、户籍档案等文献资料，将它们珍藏起来。

依据秦朝的典制，丞相辅佐天子，处理国家大事；御史大夫对外监督各郡御史，对内接受公卿奏事。除了军权外，丞相和御史大夫几乎总揽一切朝政。

所以萧何收藏的这些秦朝的文献资料，使刘邦对天下的关塞险要、户口多寡、强弱形势、风俗民情等了如指掌，为制定正确的政策和律令制度找到了可靠的根据，对日后汉朝的建立和巩固，起到了巨大的作用。这也足见萧何的慧眼独具、深谋远虑。

月下追韩信

萧何是个眼光非常毒的人，韩信就是他发现的人才。韩信原来在项羽手下没被重用，就投奔刘邦，却又被封了小官，很是失望。一次，萧何结识了韩信，他敏锐地发现，韩信绝对是个打仗高手，于是就向刘邦推荐，不过刘邦并未重视。

我的老萧啊，你可终于出现了！
阿信啊，你等着，我向阿邦推荐推荐你呢。

后来刘邦当了皇帝，韩信想造反，也是萧何联手吕雉弄死了韩信，是谓“成也萧何，败也萧何”。

韩信在汉营仍不受重用，一气之下离开了汉营。萧何得知后，马上放下手上没处理完的紧急公务，连夜策马追赶韩信，也来不及向刘邦报备。追上韩信后，萧何苦苦相求韩信不要离开。这就是萧何月下追韩信的故事。

阿信啊，你快回来！
老萧你怎么才来，我都等半天了！

萧何稳住韩信后去见刘邦，刘邦以为他逃跑了，很是生气。萧何答，他是去追韩信的，韩信这样的人才，跑了就再也没有第二个了。还对刘邦说，如果大王要争夺天下，那就非用韩信不可。于是，刘邦同意了拜韩信为大将军。

那我就让韩信做大将军咯.
如此甚好!

楚汉战争中，韩信的军事能力得以发挥，乃至刘邦能够最终夺取天下，同萧何的慧眼识才、倾力举荐是密不可分的。

刘邦和项羽的大战开始后，刘邦暗度陈仓去平定三秦，萧何则以丞相之职留守巴蜀，把粮草源源不断运给前线的部队。

刘邦夺回关中后，萧何就开始制定了很多法令，治理关中，他颁布了许多有利于老百姓的制度，为刘邦继续东进去和项羽争霸，提供了稳固的后方和充足的粮草。

这些来不及禀报汉王的事就先酌情处理，等汉王回来再向他汇报.

大汉开国第一侯

刘邦称帝后，在洛阳南宫大宴群臣，席间，觥筹交错，君臣共饮。

镇国家、抚百姓、供军需、给粮饷，我比不上萧何。

刘邦论功行赏，定萧何为首功，封他为酂（zàn）侯，位列众卿之首，称“开国第一侯”，食邑万户。此后，刘邦命萧何主持营建皇宫，萧何给刘邦修了个无比奢华的宫殿，其中最大的一座，叫未央宫。

至此，西汉建都长安，历时两百余年，萧何成为最早的规划者和设计者。
未央宫
老萧啊，天下初定，这宫殿整得这么土豪，太浪费了吧。不如这里以后作为京邑，叫长安吧。
一步到位嘛。

大汉天下初平，很多功臣相继被猜忌，这为萧何敲了警钟。他为自保，与吕雉联手设计杀了韩信，又设计博刘邦的欢心；但又因为民请命，身陷牢狱；最后一向恭谨的萧何又得到了刘邦的赦免。

从此以后，萧何对刘邦更是诚惶诚恐，恭谨有加。

韩信、英布等都已被诛灭，萧何你能位列群臣之首，不容易啊！
史
太史公，活下去可不容易啊……

勇猛无畏的樊哙

出处 《史记卷九十五·樊郦滕灌列传第三十五》

舞阳侯樊哙，沛县人，出身寒微，以杀狗卖狗肉为生，与农家出身的刘邦交往甚密。作为吕雉的妹夫，樊哙深得刘邦和吕雉的信任，他是刘邦麾下最勇猛的战将，在鸿门宴时出手营救刘邦，后成了西汉的开国元勋，位列左丞相。

狗肉朋友

早年的樊哙以屠狗卖肉为业，那时还是个混混的刘邦某天在街上溜达，看见凶悍强壮的樊哙在卖狗肉，刘邦身无分文却要了二斤狗肉，边吃边叫着“好吃好吃”，大伙见了立刻围过来买狗肉，不一会儿就全卖光了。

好吃，好吃。
我要二斤，我要二斤……

我叫樊哙，这顿狗肉算我请你了！
我叫刘邦！

就这样，二人成了好朋友。说也奇怪，没有刘邦，樊哙的狗肉就卖不出去。而刘邦一来吃狗肉，张嘴一嚼，人们立刻就被吸引过来，狗肉一会儿就卖完了。

樊哙与萧何等人推戴刘邦起兵反秦，刘邦做了沛公后，樊哙便做了他的随从副官，随他征战，屡次冲锋陷阵，常立战功。后刘邦先入咸阳，想住在奢华的咸阳宫里，樊哙和张良力劝他不要贪图享受。

邦哥，切不可贪图一时享受呀！
哇，我今晚想睡在这里！
大樊说得对！

南征北战

鸿门宴上，项庄在刘邦面前舞剑伺机杀他，樊哙在大营外一听急了眼，要往里闯。守营卫士阻挡，樊哙径直闯了进去。最终刘邦借口上厕所，在樊哙等人的护送下抄小道跑回汉营。

真是个壮士，来，赐座，赐酒，赐猪前腿。

若不是樊哙闯进大营严词谴责项羽，刘邦的事业几乎就完咯。

敢反我大汉，我就砍你！

刘邦称帝之初，异姓诸侯王反叛不断，樊哙成为征讨叛军的主将。先攻打反叛的燕王，平定燕地；楚王韩信造反，樊哙随刘邦活捉韩信，平定楚地。樊哙被赐爵，号舞阳侯。后收取赵地共 27 县，被提升为左丞相。

英布造反时，刘邦病得厉害，讨厌见人，整日躺在宫里，诏令守门人不得让群臣进去。群臣不敢进宫，十多天后，樊哙推开宫门径直闯了进去，群臣紧紧跟随，只见刘邦枕着一个宦官躺在床上。

想当初陛下和我们从丰沛起兵，平定天下，那是什么样的壮举啊！

别哭了，别哭了！

樊哙对刘邦说起往事，说：“天下已安定，您这么疲惫不堪，又病得不轻，大臣们都惊慌失措，您又不肯接见我们，难道您只想和一个宦官诀别吗？您难道不知道赵高作乱的事吗？”刘邦就笑着从床上起来了。公元前195年，英布叛乱也最终被平定了。

险些被杀

樊哙娶了吕雉的妹妹吕媭（xū）为妻，所以刘邦对樊哙更加亲近。正因樊哙是吕雉的妹夫，也险些被诛。刘邦对吕雉干预朝政早已不满，听说吕雉跟樊哙串通一气，觉得情况很严重，与陈平计议后，决意诛杀樊哙。

可吓死爷了……
幸亏当时没把樊哙直接斩了，这还能向吕后交代。
不好啦不好啦，皇帝病逝啦！

奸人的污蔑加上刘邦的误会，樊哙险些被杀，他在被押回长安的途中，刘邦突然病逝，他也因此逃过一劫。后来吕后恢复了樊哙的爵位和封邑，樊哙平安地度过了六年后病逝，结束了他传奇的一生。

汉惠帝六年（前189年），樊哙去世，谥号为武侯。

樊哙这一生战功卓著，跟从刘邦南征北战，共斩敌人首级 176 个，俘虏敌兵 188 人。他自己单独带兵打仗，打垮过 7 支敌军，攻下过 5 座城池，平定了 6 个郡，52 个县。

大樊，如果鸿门宴重演一次，你还会只身闯楚营救我吗？
会！

樊哙与刘邦，从来都不只是狗肉朋友。

我曾经到丰沛打听你们当年的故事，真是令人惊异啊！
太史公，你别惊讶，来，吃块狗肉压压惊。

巾帼不让须眉的吕雉

吕雉，字娥姁（xū），汉高祖刘邦的皇后，世称吕后。刘邦死后，吕雉被尊为皇太后，是中国历史上有记载的第一位皇后和皇太后，同时也是秦始皇统一中国，实行皇帝制度之后，第一个临朝称制的女性，她开启了汉代外戚专权的先河。

出处

《史记卷九·吕太后本纪第九》

下嫁刘邦

吕雉是姜子牙的后人，他父亲吕公喜欢给人相面，看见刘邦的相貌，觉得他器宇轩昂，将来定是个不凡人物。在自家乔迁之喜的宴会上，对刘邦说："我没看过像你这么相貌不凡的，我想把女儿嫁给你。"

老夫阅人无数，
我看好你哦！
其实刘邦那时已有一个儿子刘肥。
其实我是过来蹭饭的。

早年的吕雉很贤惠，初嫁刘邦时，生活并不富裕，刘邦时常三天两头不见人影，吕雉便带着子女从事农桑针织，孝顺公婆及养育儿女。在刘邦发迹之前，吕雉对继子刘肥没有任何苛刻之举。

这就是后来的汉惠帝
刘盈和鲁元长公主。

公元前 205 年，汉军乘项羽陷入齐地，一举攻下楚都彭城。而项羽率骑兵迅速回防，与汉军战于睢（suī）水，汉军大败，吕雉等一众刘邦家属被楚军俘虏。直到后来楚汉议和才被放回归汉，而回到刘邦身边的吕雉，却发现刘邦身边早已有了极受宠幸的戚夫人。

夺嫡风波

吕雉性格刚毅，是大汉决策集团里的重要人物。大汉初定，她为巩固自己的权势，开始杀人立威。这第一个，就是已被废为淮阴侯的韩信，她趁刘邦在外征战，与萧何用计杀掉了韩信，从而成功震慑了其他功臣。

准备给韩信
捆粽子.
我来打电话
约他，把他
骗过来.

刘邦觉得“刘盈为人仁弱，不像我”，常想改立戚姬的儿子如意为太子。戚姬常跟随刘邦，她日夜啼哭，想让自己的儿子取代刘盈。吕雉年纪大了，很少见到刘邦，和刘邦也越来越疏远。

瞧你这软弱的德行，
一点儿都不像老子！

刘如意被立为赵王后，几次险些取代了太子刘盈的地位。靠着大臣们的极力诤谏和张良的计策，刘盈才没有被废掉，所以吕雉对张良心怀感恩。吕雉恨透了戚姬母子，刘邦死后，吕雉独掌大权，自然不会再手软了，先后除掉了戚姬母子。

刘邦在平叛英布时受了箭伤，回来的路上病情加重，吕雉见刘邦病已不治，出于国家政局稳定考虑，她到刘邦病榻前问国家关键职位人事问题，后来相国的人事基本上按照这次病榻问相的结果来安排。

执掌天下

刘邦去世后，刘盈即位为帝，吕雉开始独掌大权，世称吕后，新仇旧恨开始慢慢找人算。随后，吕后立鲁元公主的女儿张氏为皇后，张氏仅 11 岁，是刘盈的亲外甥女，刘盈虽然对此极为不满，但也无可奈何。

刘盈为人仁惠柔弱，见母亲这么心狠手辣，只能天天饮酒作乐，不问朝政，还一直患病。后来刘盈去世发丧时，吕后只是干哭，没有眼泪。此时留侯张良 15 岁的儿子张辟强任侍中，给丞相陈平出了个主意，陈平照做后，吕后很满意，才哭得哀痛起来。

您请求太后让吕氏一族在朝廷里掌握重权，这样太后就会安心，你们也能够幸免于祸了。
唉，看来只能这么做了。

吕氏家族掌握朝廷大权就是从这时开始的。

吕后立年幼的太子刘恭为帝，自己临朝称制，行使皇帝职权，为中国太后专政的第一人。吕后下令废除挟书律，还下令鼓励民间藏书、献书，恢复旧典。这为后来的文景之治打下了很好的基础。

文景之治
这基础是我打下的。

WINNER
LOSER
刘氏皇族集团
吕氏外戚集团

吕后追封他已故的两个哥哥为王，做封立诸吕为王的开端，直到临终前她仍没有忘记去巩固吕氏天下。然而祖刘之军蜂拥而起，齐王刘襄发难于外，陈平、周勃响应于内，刘氏诸王群起而杀诸吕。

惠帝和您掌权时期，百姓脱离战乱，休养生息，天下安然无事，百姓衣食富足。
太史公果然是明事理的人。
史

六出奇计的陈平

出处 《史记卷五十六·陈丞相世家第二十六》

陈平，今河南原阳县人，西汉开国功臣之一，后位列丞相。陈平的『谋』是他为刘邦服务，维护刘氏政权，从楚汉对峙到计诛吕氏宗族，拥立孝文皇帝；是他为明哲保身，左右逢源。他的智谋能够『救纷纠之难，振国家之患』，也能为保全自身，用阴谋诡计坑害他人，所以才使得他能自免于祸，善始善终。

莫欺少年穷

你敢批评我弟弟，我要休了你。

少年时的陈平家中贫穷，很喜欢读书，哥哥陈伯见陈平喜欢交游，便承担了家中的全部劳动，让陈平出外游学。陈平长得身材高大，相貌堂堂，而陈平的嫂子恼恨陈平不看顾家庭，也从来不从事劳动生产。

像陈平这样仪表堂堂的人，哪会长久贫寒卑贱呢？

陈平长大该娶媳妇时，富人家没有谁肯把女儿嫁给他，娶穷人家的媳妇陈平又感到羞耻。过了很久，有个叫张负的富人，他的孙女嫁了五次人，丈夫都死了，没有人再敢娶她，陈平却想娶她。张负也很中意陈平，于是将孙女嫁给了陈平。

正逢社祭土地神，陈平主持割肉，他把祭肉分配得很均匀。父老乡亲们都称赞他分割祭肉分得很好很称职。陈平感慨说：“假使让我主宰治理天下，也会像这次分肉一样恰当称职。”

请叫我计谋平

秦末各地起义，陈平辞别兄长，历经辗转后投奔项羽，并跟随项羽入关破秦，项羽赐他卿一级的爵位。鸿门宴上陈平见到刘邦，认为他必成大器，便处于“身在楚营心在汉”的矛盾中。后来刘邦被项羽困在咸阳，是陈平设计让项羽放刘邦回汉中。

楚
先调虎离山，再声东击西，我保证让阿邦平安回汉中！

陈平屡次遭到项羽的责备，他出的计谋项羽也不采纳。他觉得项羽就是个鲁莽武夫，于是投奔了刘邦。刘邦身边一些人嫉妒陈平，组团去刘邦面前诋毁他，陈平很机智，寥寥数语，便让刘邦疑虑顿消，而且更加喜欢他。

大王若听信谗言不相信我，我就辞职回家，老死故乡！
你看你，说话就说话嘛，这么激动干什么！

之后刘邦提升陈平为护军中尉，专门监督诸将。

楚汉战争最激烈时，陈平在楚军中施离间计、反间计，还设计嫁祸于范增。他在众将中扬言钟离昧（mèi）等将领打算跟刘邦联合起来，消灭项羽，瓜分楚国的土地。项羽果然猜疑起来，不再信任钟离昧等人。

陈平凭着谋略家敏锐的洞察力，让刘邦封立韩信为齐王，借力杀项羽，助刘邦统一天下；又为刘邦设伪游云梦之计，智擒韩信；当刘邦被匈奴围困于平城，他设计使刘邦安然脱险；在平定陈豨（xī）和英布叛乱的过程中，他六出奇计。

丞相的路不好走

刘邦听说樊哙跟吕雉串通，要砍樊哙的头，陈平知道樊哙不能随便斩，便把他捆了准备押回长安再说。半路上，忽闻刘邦去世，吕雉掌大权。陈平加紧往回赶，接诏驱车进宫后，哭得非常哀痛，并趁机在灵堂内向吕后禀奏事情的经过，以免吕后听信谗言怪罪于他。

我不敢轻易斩樊哙，现在已经把他押回来了。
辛苦了，好好休息吧。

陈平的演技还蛮好。
可以拿奥斯卡了！

陈平害怕身遭谗言，坚决请求留宿宫中，担任警卫。

陈平又趁机请求留在长安，吕后答应了，还拜他为郎中令，辅助新帝。陈平从而避免了一场大灾祸，再次保全了自己。

吕后死后，陈平作为主要策划者，与周勃一起平定吕氏之乱，匡扶汉室，拥立孝文皇帝即位。陈平觉得周勃的功劳更大，将右丞相让与周勃，自己任左丞相。

一问三不知，
要你有何用！
虽然我也不知道，可我
不能说我不知道呀。
周勃

一次，汉文帝询问右丞相周勃一些朝政上的问题，周勃皆答不出来。周勃感到很惭愧，觉得自己的能力远远不如陈平，就称病辞去相位，于是陈平就一人独任丞相。汉文帝二年（前 178 年），丞相陈平去世，谥号为献侯。

陈平曾说过：“我经常使用诡秘的计谋，这是道家所禁忌的。我的后代如果被废黜，也就止住了，终归不能再兴起，因为我暗中积下了很多祸因。”

黄老之学

陈平一生充满传奇色彩，秦朝末年，英才辈出，有资格被司马迁列入“世家”的只有六人。陈平能列入其中，可见其功劳是很大的。

太史公过奖了。
陈平你也算善始善终，如果没有才智谋略，谁能做到这一步呢？

我叫晨晨，

我和思思一起陪你读《史记》。

你好啊，史记

项目策划 | 周国宝

内容编著 | 陈建成

内容统筹 | 龚道军　刘　挺　方明杨　郑梦圆

插图绘制 | 尚祖山　李　轲　王层层　王　瑞

拉页制作 | 赵媛媛　途有其名

封面设计 | 墨离书画

夫运筹策帷帐之中，决胜于千里之外，吾不如子房。

《史记·高祖本纪》

良药苦口利于病，忠言逆耳利于行。

《史记·留侯世家》

智者千虑，必有一失；愚者千虑，必有一得。

《史记·淮阴侯列传》

史记你好啊

西汉文武盛世

柒

陈建成　编著

中国铁道出版社有限公司
CHINA RAILWAY PUBLISHING HOUSE CO., LTD.

图书在版编目（CIP）数据

你好啊，史记．西汉文武盛世 / 陈建成编著．—北京：中国铁道出版社有限公司，2021.3（2021.6 重印）

ISBN 978-7-113-26296-9

Ⅰ．①你…　Ⅱ．①陈…　Ⅲ．①中国历史－西汉时代－通俗读物　Ⅳ．① K220.9

中国版本图书馆 CIP 数据核字（2019）第 213375 号

书　　名：你好啊，史记：西汉文武盛世

作　　者：陈建成

策划编辑：聂浩智

责任编辑：孟智纯　**读者热线：**（010）63549485

插画绘制：尚祖山　李　轲　王层层　王　瑞

责任印制：赵星辰

出版发行：中国铁道出版社有限公司（100054，北京市西城区右安门西街 8 号）

印　　刷：中煤（北京）印务有限公司

版　　次：2021 年 3 月第 1 版　2021 年 6 月第 2 次印刷

开　　本：710 mm × 1 000 mm　1/16　**印张：**24.5　**字数：**500 千

书　　号：ISBN 978-7-113-26296-9

定　　价：238.00 元（全 7 册）

阅读指南

我有很多问题想问古人！
读《史记》的晨晨
我当时也有很多问题想问古人！
写《史记》的司马迁
读读《史记》，你就能穿越历史。
读《史记》的思思
史记中的人

西汉是中国历史上继秦朝之后的大一统王朝，共历十二帝，享国210年，与东汉统称为汉朝。本册选取的是西汉文帝时期至武帝时期的历史，周亚夫、李广、司马相如、张骞……都是这一时期非常了不得的历史人物。

汉文帝继位后迎来了西汉政局稳定。他和汉景帝都鼓励生产，减少赋税，提倡节俭，国家得到了迅速发展，史称文景之治。汉武帝继位后，对内加强中央集权，尊崇儒家思想；对外北伐匈奴，平定四方，又派张骞出使西域开辟丝绸之路——汉朝迎来全方位的繁荣，开创了汉武盛世的局面。

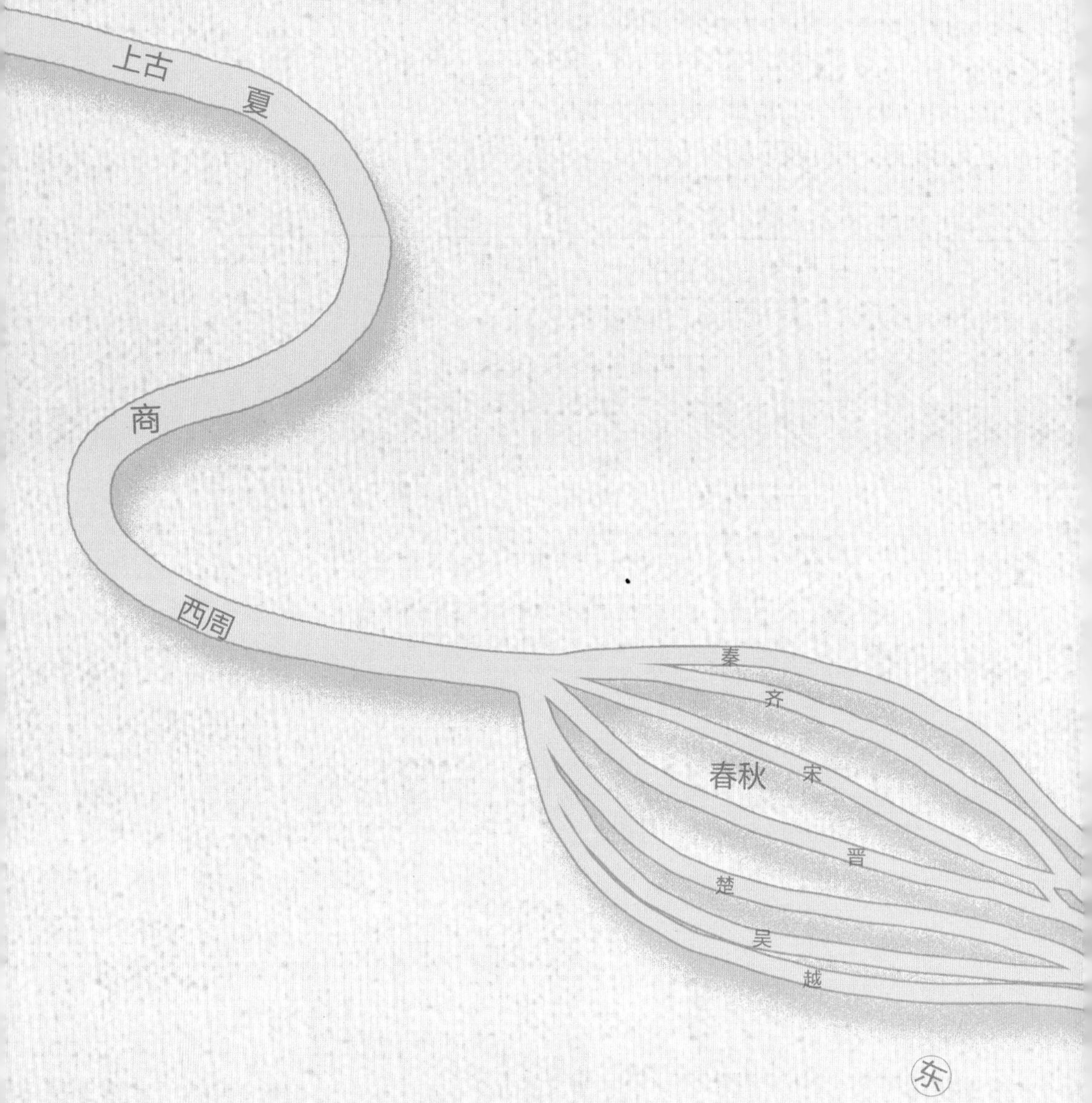
上古
夏
商
西周
秦
齐
春秋
宋
晋
楚
吴
越
东

史记

记历史

记精彩人生

记成长的动力

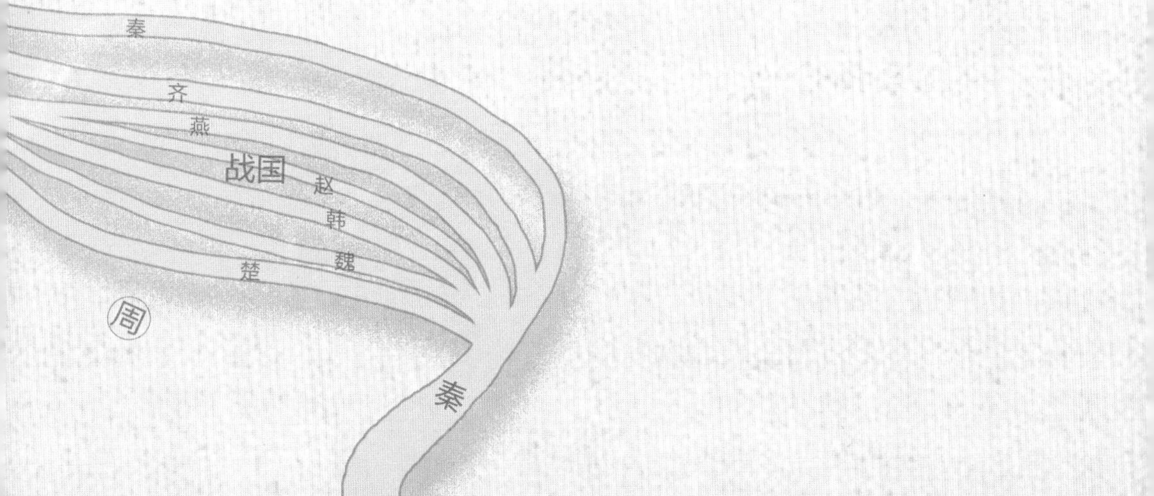

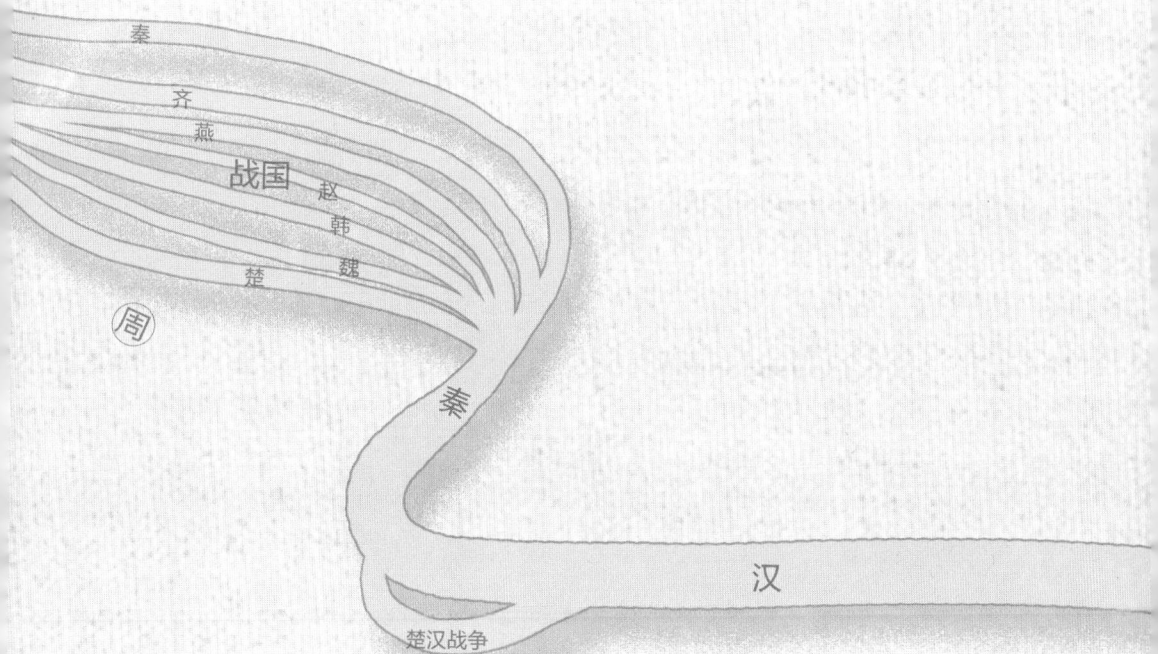

目录

J
卫青
西汉·武将

5
张骞
西汉·文臣

5
东方朔
西汉·文学家

刚正守节的周亚夫

出处

《史记卷五十七·绛侯周勃世家第二十七》

周亚夫，沛郡丰县人，是西汉开国功臣绛侯周勃的次子，父子二人都是汉朝初期的有功之臣，都在最关键的时刻有功于朝廷，而他二人晚年都因被诬告谋反而被捕入狱。周亚夫军事才华卓越，平定『七国之乱』，拯救了汉室江山，后被冤下狱，绝食自尽。

面相之说

周亚夫是绛侯周勃的次子，他父亲是吕后和汉文帝的丞相。周亚夫当河内郡守时，女相士许负为他看相，说他三年后会被封侯，封侯八年后会任将军和丞相，位尊权重，而再过九年会饿死。周亚夫笑着说不信，因为他的哥哥已经继承了父亲的侯爵。

你这脸上有纵纹入口，是饿死的面相啊！
乌鸦嘴……

神奇的是，三年后，周亚夫的哥哥绛侯周胜之因杀人罪被剥夺了侯爵之位。汉文帝从周勃的儿子中挑选贤能的人，大家都推举周亚夫，于是汉文帝便封他为条侯，接续绛侯的爵位。

男人哭吧不是罪。
绛侯1.0版本
周勃
绛侯2.0版本
周胜之
绛侯3.0版本
周亚夫

治军严谨，屡立战功

匈奴进犯北部边境，汉文帝派三路军队到长安附近抵御守卫，作为河内太守的周亚夫则守卫细柳。汉文帝为鼓舞士气，亲自去军队犒劳慰问。

劳军完毕，出了营门后，汉文帝感慨道：“这才是真将军！”此后，汉文帝一直对周亚夫赞叹不已。一个多月后，匈奴退兵，汉文帝升周亚夫为中尉，掌管京城的兵权，负责京师的警卫。汉文帝去世后，汉景帝授予周亚夫车骑将军的官职。

亚夫啊，我们的
安全就靠你了！

汉景帝三年，吴、楚等七国叛乱。周亚夫升任太尉，领兵平叛，此时叛军正在猛攻梁国，他请示汉景帝，因楚兵勇猛很难取胜，打算先暂时放弃梁国，从背后断叛军粮道，再伺机击溃叛军。汉景帝同意了。

断了吴、楚的后方粮食，
这场仗我还不是躺赢！
三个月后，吴、楚叛乱便被平定。

穷途窘终的下场

平叛后，梁孝王因周亚夫没有及时来救援，和他结下仇怨。周亚夫回朝后升任丞相，此后汉景帝废栗太子，周亚夫极力争辩也未能劝阻，汉景帝从此疏远他。而梁孝王每次进京朝见，都要跟窦太后讲周亚夫的坏话。

太后，我跟你说那个周亚夫哟……啧啧啧……

我和我最后的倔强！

窦太后想让汉景帝封皇后的哥哥王信为侯，汉景帝不愿意，便推脱说要和大臣商量。周亚夫对汉景帝说，当初高皇帝规定，不是刘氏家族的人不能封王，不是功高的人不能封侯。如果封王信为侯，就是违背了先祖的誓约！

后来匈奴王等五人归顺汉朝，汉景帝想封他们为侯，周亚夫反对说："那几个人背叛他们的君主来投降，陛下如果封他们为侯，还怎么去责备不守节的臣子呢？"汉景帝不听，把那五人全封为列侯。周亚夫很失望，称病退居家中，此后他被免去丞相职务。

脾气这么大，怎么辅佐少主！

不久，周亚夫的儿子周阳偷偷从专做皇家用品的工官那里给他买了五百件殉葬用的盔甲盾牌。搬运的雇工很累，周阳却不给钱。雇工们一怒之下上告周阳要反叛，事情牵连到周亚夫，汉景帝交给官吏查办。官吏责问，周亚夫拒不回答。

我要炒了你！
我没有造反！
狱
你就是不在地上造反，也要到地下造反吧！
周亚夫绝食抗议，五天后，吐血而亡。

太史公，我是被气死的。
史
亚夫你谨守节操但不知恭顺，才落得这样的结局，真令人悲伤啊！

飞将军李广

出处
《史记卷一百九·李将军列传第四十九》

名将李广，陇西成纪（今甘肃天水）人，为人不善言辞，擅长射箭。李广英勇善战，一生与匈奴战斗七十余次，常以少胜多，险中取胜，以至匈奴人闻名丧胆，称之为『飞将军』。然而这位战功卓著、备受士卒爱戴的名将，却终身未得封爵。漠北之战中，李广任前将军，因迷失道路，未能参战，愤愧自杀。

将门出身

哪有匈奴射
哪里！

李广是陇西人，先祖是秦朝名将李信，他家世代传习射箭。汉文帝十四年（前 166 年），匈奴人大举入侵萧关，李广参军抗击匈奴，因为他善于骑射，斩杀敌人很多，被任为中郎。

汉景帝即位后，李广任陇西都尉，又改任骑郎将。吴、楚七国叛乱时，李广任骁骑都尉，随从太尉周亚夫反击叛军，在昌邑城下夺取了敌人的军旗，立功扬名。由于梁孝王私自把将军印授给李广，回朝后，朝廷没有对他进行封赏。

××年—××年
上谷太守
××年—××年
上郡太守
××年—××年
陇西太守
××年—××年
北地太守
××年—××年
雁门太守

李广被调任上谷太守，匈奴常来交战。典属国公孙昆（hún）邪（yé）对皇帝说，李广仗着自己有本领，每次都和敌人正面应战，这样下去怕会失去这名良将。于是皇帝又调任他为上郡太守，之后李广转任边境各郡太守，比如陇西、北地等，都以奋力作战而出名。

应敌术与脱敌术

匈奴大举入侵上郡，汉景帝派亲近的宦官跟随李广。宦官率数十骑兵外出，被三个匈奴人射伤，骑兵也几乎被射杀光。李广带百名骑兵追击，射死匈奴两人，活捉一人，此时却望见有数千匈奴骑兵，匈奴也发现了李广，以为他们是来诱敌的。

我们不动，他们就会以为我们是来诱敌的，不敢攻击我们！

千钧一发之际，李广灵机一动，下令向前进，骑兵前进到离匈奴阵地较近的地方停下来，李广又下令全体下马解下马鞍，让匈奴坚信他们是来诱敌的，果然，匈奴不敢攻击。半夜匈奴撤离了。

肯定有埋伏！

溜了溜了！

汉武帝时，李广任将军出军雁门关进攻匈奴。匈奴兵多，生擒了李广，单于（chán yú）听说李广很有才能，想见他。当时李广受伤，躺在两匹马之间的网兜里假死，他看准时机抢了身旁匈奴少年的马，夺了少年的弓，向南飞驰，终于遇到他的军队残部。

匈奴派骑兵来追捕李广，李广边逃边拿弓箭射杀追兵，终于得以逃脱。回到京城，朝廷把李广交给执法官吏，军队损失伤亡太多，他又被敌人活捉，应该斩首，李广用钱赎了死罪，但被削职为民。

老虎哪里跑！
我只是一块石头呀！

后来匈奴入侵，杀死辽西太守，打败了将军韩安国，韩将军迁调右北平。汉武帝召见李广，任他为右北平太守。匈奴听说后，称他为“汉朝飞将军”，几年不敢入侵右北平。

给大佬敬茶，惹不起惹不起。

李广任后将军，跟随大将军卫青征伐匈奴。许多将领因斩杀敌人首级符合规定数额，以战功被封侯，而李广的军队却没有战功，不得不说是一种遗憾。

李广为什么难封侯

李广和他的堂弟李蔡一起为官，李蔡的才干在下等之中，声名比李广差得很远，李蔡被封为列侯，官位达到三公。李广属下的军官们，也有人获封侯爵，而李广却得不到封爵和封地，官位没超过九卿。

封侯这事，对我来说怎么这么难呢？

李广曾和星象家王朔闲谈，说："自汉朝攻打匈奴以来，我每次参战，也不比别人差，却从没有封爵和封地，难道是我的骨相不该封侯吗？"王朔说："将军回想一下，是不是有什么令你悔恨的事？"李广想了想，还真有！

我当陇西太守时，羌人反叛，我诱骗他们投降，还把投降的那八百人杀了，这是我最悔恨的事。
杀死已投降的人，罪过啊，这就是你至今不能封侯的原因。

李广随大将军卫青出征匈奴，卫青曾受到皇上私下告诫，说李广已老，命运不好，不要让他与单于对敌。卫青为调开李广，让他与右将军赵食其（yì jī）走东路，李广负气，没向卫青告辞便率军和右将军的部队从东路出发。军队没有向导，常迷路，最后落在了卫青后方。

我来打仗，卫青却故意调我去绕远路，害我迷路！

此次激战，单于逃了，卫青空手而回。李广到卫青大将军幕府受审对质。李广对他的部下说："我从少年起与匈奴打过七十多仗，如今这仗我被调开绕了远路又迷路，难道不是天意吗！我已六十多岁了，不能再受那些刀笔吏的侮辱。"于是拔刀自刎了。

我六十多岁的人了，不愿再受侮辱！

听说我死的那天，天下人都为我哀痛。
谚语说，桃李不言下自成蹊。李将军老实厚道，不善讲话。

大文豪 司马相如

出处 《史记卷一百一十七·司马相如列传第五十七》

司马相如，原名司马长卿，蜀郡成都人，西汉辞赋家、文学家，后人称其为『赋圣』和『辞宗』。其代表作品《子虚赋》，辞藻富丽，结构宏大，有着浓厚的黄老道家色彩。少年时的司马相如喜欢读书，也学习剑术，而他与卓文君的爱情故事更是广为流传。

心机鬼相如

司马相如原名司马长卿，因仰慕战国名相蔺相如而改名，他自幼胸怀大志，琴棋书画样样精通。起初，他凭借家中富有，在朝中做了武骑常侍，但他并不喜欢。当时的皇帝汉景帝不爱辞赋，相如这匹“千里马”未遇见“伯乐”，满身的才华无处施展。

写的什么玩意儿？

恰逢梁孝王刘武来朝见，司马相如得以结交邹阳、枚乘、庄忌等辞赋家，于是他借生病为由辞官，旅居梁国，与这些志趣相投的文士共事，为梁孝王写下那篇著名的《子虚赋》。

我这篇《子虚赋》一定会闻名后世！

《子虚赋》的主题是以这一时期以虚静为君的道家思想为指向的，但并没有得到景帝赏识。

后来梁孝王去世，司马相如只好返回成都，但家道中落，缺乏经济来源，所以成了无业游民。他与成都周边临邛（qióng）县令王吉交好，王吉邀他前往临邛散散心，相如就去了，暂住在临邛都亭。

王吉
按照定好的剧本，我要天天假装来拜访长卿，他要称病拒见我。

临邛百姓对这位神秘贵客充满了好奇，其中也包括富人卓王孙家、程郑家。财大气粗的卓总与程总商量着办家宴款待王吉和司马相如。但司马相如始终不肯赴约，王吉又亲自登门邀请，他才姗姗来迟。

他好帅呀！
人生如戏，全靠演技。

多才多艺的大文豪

酒过三巡，王吉邀请司马相如抚琴一曲助兴，相如便弹了一曲自创的《凤求凰》。卓王孙的女儿卓文君刚守寡不久，很喜欢音乐，相如用琴声表达爱慕之情。果然，这美妙的琴声如同一缕春风，瞬间打动了卓文君的芳心。

哇，一表人才，还多才多艺。
酒后抚琴，正好掩盖我这口吃的毛病。

宴会完毕，相如托文君的侍婢转达他的倾慕之情。之后卓文君连夜出逃，与相如赶回成都。卓王孙得知女儿私奔之事，大怒，并说自己一分钱都不会给她。

酒

之后司马相如和卓文君凑钱开了家酒馆。文君卖酒当老板娘，相如系着围裙和伙计们一起洗杯盘。

汉景帝去世，汉武帝继位，他看到《子虚赋》非常喜欢，狗监杨得意和相如都是蜀人，就说这赋是他同乡司马相如作的。汉武帝召相如进京，相如说：“请允许我再作一篇天子打猎的赋。”

来人啊，朕要封
相如做郎官！

中郎将唐蒙受命开通夜郎、僰（bó）中，征发巴蜀二郡的官吏士卒上千人，西郡又多为他征调一万多运输人员。唐蒙杀了大帅，巴蜀百姓大为震惊恐惧。汉武帝派相如去责备唐蒙，趁机告知巴蜀百姓，唐蒙所为并非皇上本意。

公告 谕巴蜀檄（xí）……

我真后悔没早点把女
儿嫁给你呀！
是金子，总会发光的。
酒

邛、筰（zuó）的君长听说南夷已与汉朝交往，得到很多赏赐，便请求汉朝委任他们官职。汉武帝任命相如为中郎将，笼络西南夷。相如等到达蜀郡，蜀人都以迎接相如为荣，相如就这样平定了西南夷。

有点坎坷的晚年

可好景不长，司马相如被人告发受贿，被免去官职，在家待业了一年多后，才重新被朝廷召回去当郎官。

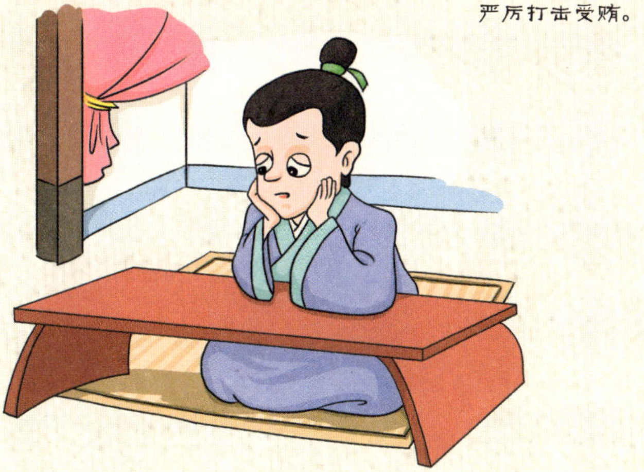
严厉打击受贿。

司马相如有口吃，还患有糖尿病。他在朝廷任职时，不愿意同公卿们一起商讨国家大事，而借病在家闲呆着，不追慕官爵。

他的这篇赋写得很华丽，就是小朋友读起来太费劲了。
好多字我都不认识。
上林赋

相如因病免官在家，住在茂陵。汉武帝听闻他病得很厉害，就派宠臣所忠前往茂陵，去把他的书全部取回来。所忠到了相如家中，没想到相如已死去，家中却没有书。

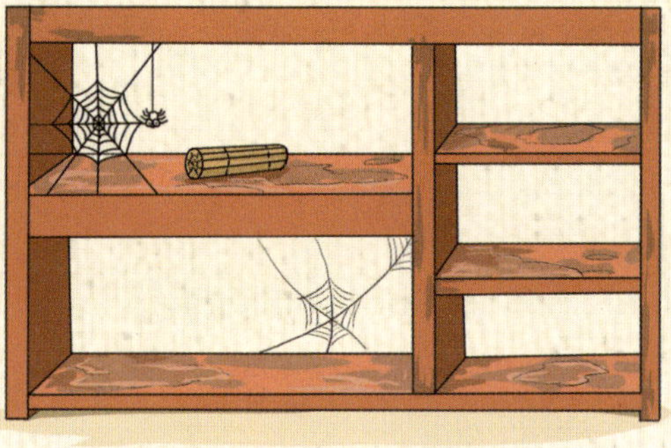

相如死前留下一卷书，是关于封禅一事。所忠把书进献给武帝，汉武帝看到后，十分惊异。相如死后八年，汉武帝先祭祀了中岳嵩山，然后又封泰山，再到梁父山，禅肃然山。

皇上啊，你为什么还不行封禅之礼呀？

《子虚赋》里，相如用“子虚”“乌有先生”“无是公”，假借这三个人写成文章，用以推演天子和诸侯的苑囿美盛情景，赋的最后一章主旨却是归结到节俭上去，借以规劝皇帝。

其实我说的都是虚构的.
其实我说的根本没有这回事.
其实根本就没有我这个人！
子虚
乌有先生
无是公

雄才伟略的汉武帝

出处 《史记卷十二·孝武本纪第十二》

汉武帝刘彻，西汉第七位皇帝，他在位期间，攘夷拓土，国威远扬，东并朝鲜，南吞百越，西征大宛（yuān），北破匈奴，奠定了汉地的基本范围，开创了汉武盛世的局面。还开辟丝绸之路，建立年号、颁布太初历、兴太学，影响极为深远。并且，以儒家思想作为国家的统治思想，即始于此。

太子的上位记

汉武帝的母亲王氏怀孕时，梦见太阳进入她的怀中，当时还是太子的汉景帝觉得这是吉兆。汉武帝出生前，汉景帝梦见一只红色的猪从云中降下进入崇芳阁。他惊醒后到崇芳阁下一看，空中有条红色的龙，红霞散去，只见这龙在梁栋间盘旋。

崇芳阁里会出生一位主宰国家命运的人，他会成为刘氏王朝兴盛的明主。
半仙

你最喜欢读什么书？
喜欢看圣贤帝王伟人事迹的书。

汉武帝刘彻天生聪颖过人，三岁时，汉景帝抱他在膝上，问他愿意当天子吗？刘彻答："这事由上天安排，由不得儿子。但我愿每天住在宫中，在父亲面前玩耍，决不会放肆不恭，不尽做儿子的责任。"汉景帝听了后，特别注意对他的教导培养。

我把阿娇嫁给你为妻怎么样？
如果阿娇姐姐做我妻子，我会盖一栋金屋，把她藏起来。

刘彻四岁被立为胶东王，七岁被立为太子。他之所以成为太子，与其母王氏和姑母馆陶长公主刘嫖有很大关系。当时汉景帝长子刘荣是太子，刘嫖想把女儿嫁给他做妃子，刘荣的母亲栗姬不答应这门亲事。刘嫖便想把女儿嫁给刘彻，王氏答应了。在刘嫖的鼓动下，汉景帝改立刘彻为太子。

这才是帝王风范

汉武帝登基之初，崇尚儒家学说，招纳贤士，赵绾、王臧等人靠文章博学做到公卿的高位，他们所草拟的天子出巡、封禅和改换历法服色制度的计划尚未完成，而窦太后还在推崇信奉黄老道家学说，不喜儒术。

我要好好查一查这个王臧和赵绾！

后来王臧、赵绾被传讯审查，二人自杀。

酒
中央

窦太后去世后，汉武帝得以掌握大权，他进一步削弱诸侯王的势力，设立刺史，监察地方。加强中央集权，将冶铁、煮盐、酿酒等民间生意变成由中央管理，禁止诸侯国铸钱，使得财政权集于中央。

在思想上，汉武帝采用董仲舒“罢黜百家，独尊儒术”的建议，在长安创立专门的儒学教育机构——太学，这是当时的最高学府，是古代的大学。

罢黜百家 独尊儒术

军事上，汉武帝先平定南方闽越国的动乱，派名将卫青、霍去病三次大规模出击北方的匈奴，收河套地区，夺河西走廊，封狼居胥，将汉朝北部疆域从长城沿线推至漠北。再命张骞出使西域，丝绸之路由此而始。

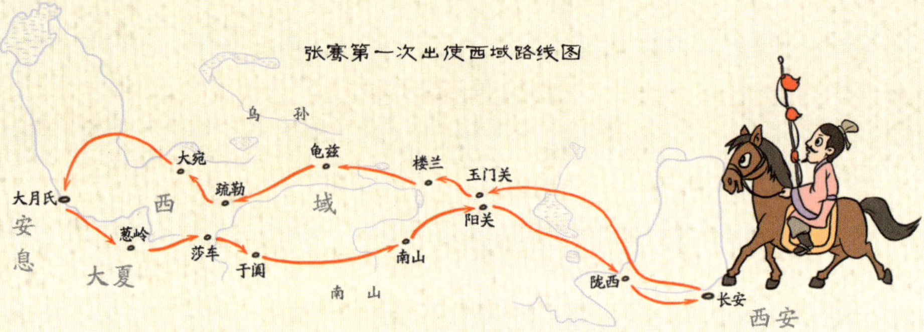
张骞第一次出使西域路线图
乌孙
大宛
龟兹
楼兰
玉门关
大月氏
西
疏勒
域
阳关
安息
葱岭
莎车
于阗
南山
大夏
南山
陇西
长安
西安

在天文历法上，汉朝一直是承秦制，汉初一直推行秦历，以十月为岁首。直至汉武帝太初改历，施行新历法，改夏历正月作为一年的开始，而春节正是始于太初改历，即农历正月初一。

原来是从这个时候开始，正月初一才成了我们农历新年的第一天呀。
在这之前，十月出生的宝宝比九月出生的宝宝要大。

刘彻也有黑历史

丞相公孙贺的儿子公孙敬声擅自动用军费 1900 万钱，事败后被捕下狱，又被人告发用巫蛊诅咒武帝、与阳石公主通奸，汉武帝宠臣江充奉命查巫蛊案，用酷刑和栽赃迫使人认罪。公孙贺父子下狱而死，诸邑公主与阳石公主、卫青的儿子长平侯卫伉相继受牵连被杀。

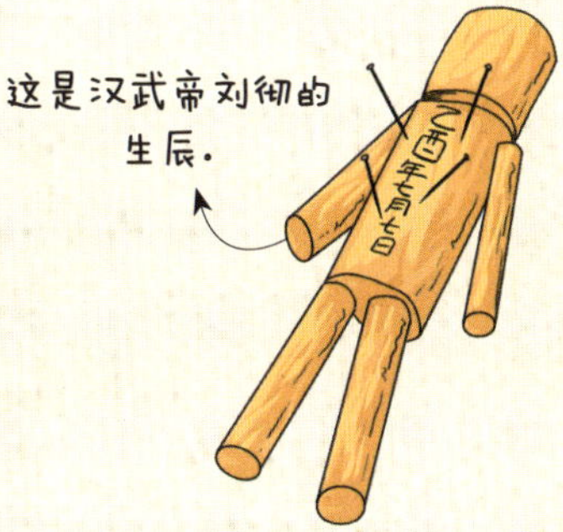
这是汉武帝刘彻的生辰。

江充趁机陷害太子刘据，刘据恐惧，起兵诛杀江充，后遭汉武帝镇压兵败，皇后卫子夫和刘据相继自杀。壶关三老和田千秋等人上书为太子喊冤，终于清醒过来的汉武帝下令将江充满门抄斩。此事件牵连者达数十万人，史称巫蛊之祸。

儿啊，老爸对不起你。

汉武帝晚年建明堂，垒高坛，树“泰一”尊神，大搞顶礼膜拜，靡费巨资，多次封禅出游，令大批人入海求蓬莱仙山。他听信方士之言，把宫廷被服都弄成怪模怪样，还造 30 丈高的铜柱仙人掌，把甘露和玉屑共饮，以为可以长生不老。

神仙快显灵，我想长生不老。

汉武帝求仙不成，又因巫蛊之祸造成父子相残，统治中后期暴乱频发，种种打击使他心灰意冷，对自己过去的所作所为颇有悔意。在登泰山、祀明堂之后，他下《罪己诏》来承认自己的错误。

罪己诏
朕即位以来，所为狂悖，使天下愁苦，不可追悔。自今事有伤害百姓，靡费天下者，悉罢之。

汉武帝托孤霍光，让他辅佐小儿子刘弗陵为帝，次年驾崩，享年70岁，谥号孝武皇帝，庙号世宗。西汉十二帝，历经210年，仅有四位皇帝拥有庙号，即太祖高皇帝刘邦、太宗孝文帝刘恒、世宗孝武帝刘彻、中宗孝宣帝刘询。

太祖高皇帝
太宗孝文帝
世宗孝武帝
中宗孝宣帝
刘邦
刘恒
刘彻
刘询

匈奴克星卫青

出处《史记卷一百一十一·卫将军骠骑列传第五十一》

卫青，字仲卿，今山西临汾人，汉武帝第二任皇后卫子夫的弟弟，官至大司马大将军，封长平侯。卫青善于以战养战，用兵敢于深入，为将号令严明，对将士爱护有恩，对同僚大度有礼，位极人臣而不立私威。他曾七战七捷，收复河朔、河套地区，击破单于，为北部疆域的开拓做出了重大贡献。

从奴隶到将军

卫青是河东平阳人，父亲郑季是县中小吏，在平阳侯曹寿家供事，与平阳侯的小妾卫媪私通，生了卫青。卫青小时候在郑季家里，郑季让他放羊。郑季前妻生的儿子们都把他当做奴仆来对待，不把他当兄弟。

卫青长大后回到母亲卫媪身边，做了平阳公主的骑奴。一次，卫青来到甘泉宫，有个犯人说他是贵人，将来能当大官，能封侯。卫青笑着说："我是人奴之子，不挨打骂就心满意足了，哪敢想封侯呢？"

卫青的姐姐卫子夫受到汉武帝的宠幸，且有了身孕。陈皇后没有儿子，很嫉妒她，其母馆陶长公主便逮捕囚禁了在建章宫供职的卫青，想杀死他。卫青的朋友骑郎公孙敖率人赶去救下了卫青。汉武帝得知后，任命卫青为建章监，加侍中官衔。

我是武帝的卫夫人啦。
我升为太中大夫啦。

卫青以车骑将军之职讨伐匈奴，这次首征，卫青果敢冷静，深入险境，直捣匈奴祭天圣地龙城，斩杀数百敌人，汉武帝封卫青为关内侯。两年后，卫青领三万骑兵再出雁门，长驱而进斩匈奴数千人。

匈奴收割机！

拜将又封侯

卫青率大军进攻匈奴盘踞的黄河河套地区，采用“迂回侧击”的战术，迅速攻占高阙。而后，卫青又率精骑飞兵南下，进到陇县西，包围匈奴白羊王、楼烦王。汉军活捉敌兵数千人，夺取牲畜十万头，控制了河套地区。

朕要在这儿修筑朔方城，解除匈奴骑兵对长安的威胁。

元朔五年（前 124 年），卫青率军从高阙出击匈奴，捕获了匈奴右贤王的小王十多人，民众一万五千余人，牲畜数千百万头。汉武帝派特使捧着印信，到军中拜卫青为大将军，为皇帝之下的最高军政首脑。

皇上，这是我为您打下的江山。

次年，卫青两次领十万骑兵出击匈奴，歼灭敌军过万，张骞随从卫青出征，卫青的外甥霍去病此战独自领八百骑兵出击，俘虏匈奴单于的叔父和国相，斩单于的祖父等两千余人。

霍去病
卫青
张骞
我们可不是吃素的！

匈奴克星三人组

元狩四年（前 119 年），汉武帝以十四万匹战马及五十万步卒作为后勤补给兵团，命令卫青和霍去病兵分两路，出击匈奴，就是前面提到李广迷路的那场战争。此次漠北之战击溃了匈奴在漠南的主力，十几年内再无南下之力，但汉军损失也很大。

呜呜呜，朕的国库都空了！

这一仗，汉朝士兵损失十几万，马匹剩余不足三万匹。

善良的老好人

漠北大战后，李广在卫青大将军幕府受军事审问而自尽。一年后李广的儿子李敢怨恨卫青，击伤了他。卫青没有追究这件事，还隐瞒起来没有声张。霍去病和卫青关系亲厚，他知道后，射杀了李敢为舅舅报仇。

你敢打我舅，我就打你！

汉武帝为表彰卫青、霍去病的战功，特加封他们为大司马，且让骠骑将军霍去病的官阶和俸禄同大将军卫青相等。此后，卫青的权势日渐减退，他的老友和门客多半离开了他，去奉事日渐显贵的霍去病。

平常心，平常心。

漠南之战后，汉武帝赏赐卫青千金。此时王夫人正受汉武帝宠幸，方士宁乘劝说卫青把这千金送去给王夫人的双亲祝寿。最后，卫青赠五百金去祝寿。汉武帝听说便问他，卫青如实禀告，之后汉武帝把宁乘任命为东海都尉。

你为啥要赠五百金给王夫人的双亲?
宁乘说如今王夫人得幸，所以让我去给她的双亲祝寿。

卫青为人仁爱善良，他对士大夫们有礼，对将士们有恩，在战场上也同甘共苦。他战功显赫，地位尊崇，但从不养士人门客，他认为养士会让天子忌讳，作为臣子只需要奉法遵职就可以了。

卫青死后，朝廷加封他的谥号为烈侯，因为卫青娶了平阳公主，所以他的儿子卫伉才能接替他的爵位做长平侯。

漢大將軍大司馬
長平侯衛公青墓

丝绸之路开拓者张骞

张骞，字子文，汉中人，汉代杰出的探险家，丝绸之路的开拓者。张骞富有开拓和冒险精神，公元前 139 年，他奉汉武帝之命，由甘父做向导，率领一百多人出使西域，打通了汉朝通往西域的南北道路，即赫赫有名的丝绸之路，武帝以军功封其为博望侯。

出处 《史记卷一百二十三·大宛列传第六十三》

第一次出使西域

汉武帝建元年间，张骞以郎官身份应召出使月氏（zhī），和匈奴人甘夫一同从陇西出境，经过匈奴时被抓到。单于扣留张骞十余年，让他娶妻生子，但张骞一直保持着汉朝使者的符节，没有丢失。

去月氏的路真不好走啊！

后来，匈奴看护渐渐宽松，张骞趁机带着随从出逃，向西跑了几十天，到达大宛（yuān），他向大宛王说明了自己出使月氏的使命和沿途遭遇，希望大宛能派人护送。

我回到汉朝一定重重酬谢大王！
等下我给你派个向导和翻译。

大宛王早就听说汉朝富庶，很想与汉朝通使往来，但苦于匈奴的阻碍，未能实现。张骞的到来让他非常高兴。热情款待张骞后，他派人将张骞等人送到康居，康居王又遣人将他们送至大月氏。

我们终于到了！

大月氏新国王居住在新国土舒适安逸，又认为自己离汉朝很远，根本就没有向匈奴报仇的想法。张骞逗留了一年多后，终究没有得到月氏对联汉击匈奴的明确态度，只得动身返汉。

苍天呐，我都绕路了，怎么还是被他们逮到了！

背上行囊再出发

从出发至归汉，共历十三年。出发时是一百多人，回来时仅剩下张骞和甘夫二人。这次远征西域，未能达到同大月氏建立联盟，以夹攻匈奴的目的。但影响依旧深远巨大，汉武帝很满意，封张骞为太中大夫，封甘夫为奉使君。

大宛在匈奴西南，汉朝正西面，他们也种稻子和麦子，出产葡萄酒，有很多好马，马出汗带血。
哇，汗血宝马！

此次出使，张骞访问了西域各国和中亚的大宛、康居和大月氏诸国，也初步了解到乌孙、奄蔡、安息、条支等国的许多情况。

这些都是我走过的路。

我有预感，陛下还会来找我的。

元朔六年（前 123 年），汉武帝命张骞为校尉跟随卫青去攻打匈奴，因为他熟知地形，对军队有利，后封为博望侯。次年，张骞同李广攻打匈奴，匈奴兵包围了李广，军队伤亡很大。张骞因误了约定时间，被判死刑，他花钱赎罪，失去侯爵成了平民百姓。

公元前 119 年，汉武帝再任张骞为中郎将，第二次出使西域。此行目的，一是招与匈奴有矛盾的乌孙东归故地，以断匈奴右臂；二是宣扬国威，劝说西域诸国与汉联合，使之成为汉王朝的外臣属国。

张骞来到乌孙，向乌孙王昆莫说明了他出使的旨意。这时的乌孙国已经一分为三，大体上仍是归属于昆莫，但昆莫年老，不敢独自与张骞商定这件事。

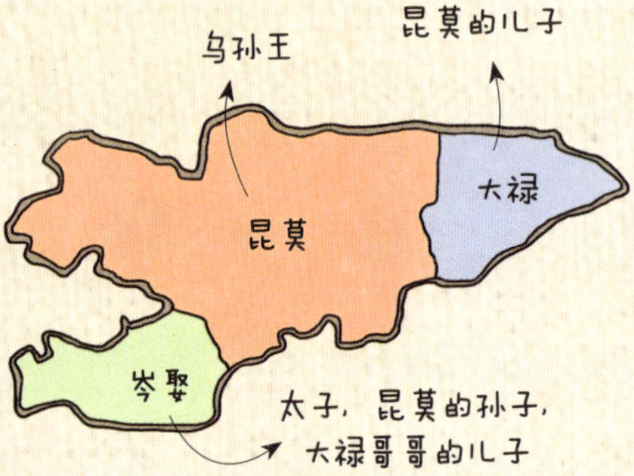
乌孙王
昆莫的儿子
昆莫
大禄
岑娶
太子，昆莫的孙子，
大禄哥哥的儿子

走出一条丝绸之路

张骞游说乌孙王东返没有成功，又分遣副使分别出使大宛、康居、大月氏、大夏、安息、身毒等国家，扩大了西汉王朝的政治影响，增强了相互间的了解。后来，乌孙国派向导和翻译送张骞回长安。

不是在出差，就是在为出差做准备。

乌孙国派出使者共几十人，带着几十匹马，来回报和答谢汉武帝，顺便让他们窥视汉朝的情况。抵达汉朝后，乌孙使者看到汉朝人多而且财物丰厚，就回去报告国王，乌孙国越发重视汉朝。

这大汉朝看起来很有钱。

张骞回到汉朝，被任命为大行令，官位排列在九卿之中。过了一年多，他病逝于长安，归葬于汉中故里。

张骞派出的沟通大夏等国的使者，大多都和所去国家的使者一同回到汉朝。此后，汉朝和西域的经济文化交流频繁起来，天马、汗血马等良种马以及葡萄、核桃、苜蓿、石榴、胡萝卜和地毯等传入内地。

看你这么有诚意，我把江都公主细君嫁给你。
以良马千匹为聘礼向汉求和亲。

西北各国与汉朝的交往是张骞开创的，而以后前往西域各国的使者都称博望侯，以此取信于外国，外国也因此而信任汉朝使者。

张骞是丝绸之路的开拓者，被后世誉为“东方的哥伦布”。

史
西域各国与汉朝的交往之路，是你张骞开创出来的，了不起！

诙谐机智的东方朔

出处 《卷一百二十六·滑稽列传第六十六》

东方朔，本姓张，字曼倩，今山东德州人，西汉著名文学家。汉武帝即位，征四方士人，东方朔上书自荐，诏拜为郎，后任常侍郎、太中大夫等职。他性格诙谐，言词敏捷，常在汉武帝前谈笑取乐，但武帝始终把他当俳优看待，不以重用。东方朔一生著述甚丰，代表名篇有《答客难》《非有先生论》。

齐地有奇人

汉武帝即位初年，征召天下贤良和有文学才能的人，各地士人儒生纷纷上书应聘。齐人东方朔喜欢古籍，爱好儒家经术，广阅诸子百家的书，他到长安公车府那里上书给皇帝，用了三千个竹简。

这够皇上看几个月的了。

汉武帝在宫内阅读东方朔的奏章，需要停阅时，便在那里划个记号，读了两个月才读完。在他的自荐书里，东方朔介绍了自己的人生经历和梦想。

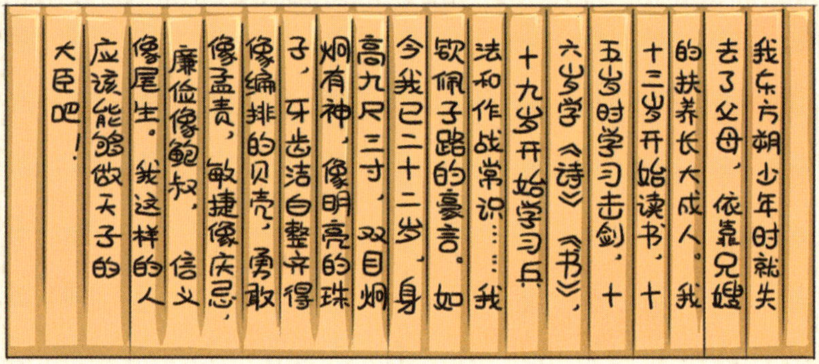
我东方朔少年时就失
去了父母，依靠兄嫂
的扶养长大成人。我
十三岁开始读书，十
五岁时学习击剑，十
六岁学《诗》《书》，
十九岁开始学习兵
法和作战常识……我
钦佩子路的豪言。如
今我已二十二岁，身
高九尺三寸，双目炯
炯有神，像明亮的珠
子，牙齿洁白整齐得
像编排的贝壳，勇敢
像孟贲，敏捷像庆忌，
廉俭像鲍叔，信义
像尾生。我这样的人
应该能够做天子的
大臣吧！

汉武帝读后认为东方朔气概不凡，便命他在公车府中等待召见。然而公车令俸禄微薄，又始终未得汉武帝召见，东方朔很不满。为了尽快得到汉武帝的召见，东方朔故意吓唬给汉武帝养马的几个侏儒，说汉武帝打算杀了他们。

皇上说你们一不能种田二不能打仗，要杀了你们，你们还不赶紧去向皇上求情！

侏儒们听后大为惶恐，哭着向汉武帝求饶。汉武帝问明原委，就召来东方朔责问。东方朔终于有了一个面见皇帝的机会。

侏儒身高三尺，我身高九尺，我们的俸禄却一样多。
那你就在金马门待诏吧。

机智聪敏

一次，汉武帝玩射覆游戏，把壁虎藏在盂中，没有人能猜中。射覆就是一种猜物游戏，在瓯、盂等器具下覆盖某一物件，让人猜测里面是什么东西。东方朔自请说，“臣曾经学过《易》，请允许我猜一猜。”

你们都猜不到！
此物是龙却无角，是蛇却有足，善于爬墙，不是壁虎就是蜥蜴。

汉武帝又让东方朔猜别的东西，每猜必中，都有赏赐。汉武帝宠幸的伶人郭舍人嫉妒他，要与他一决高下，结果东方朔每次都能猜中，也没什么谜语能难住他。此后，汉武帝便任命东方朔为常侍郎。

KO
郭舍人
东方朔

我要把她娶回家。

汉武帝越发宠幸东方朔，常下诏赐他御前用饭。饭后，他便把剩下的肉全都揣在怀里带走，把衣服都弄脏了。汉武帝屡次赐给他绸绢，他把这些赐来的钱财绸绢，用来娶长安城中年轻漂亮的女子为妻。

汉武帝的侍臣多半称东方朔为“疯子”。一天，东方朔从殿中经过，郎官们对他说：“人们都以为先生是位狂人。”东方朔却说：“像我这样的人，就是所谓在朝廷里隐居的人。古时候的人，都是隐居在深山里的。”

你们这些俗人懂什么！

东方朔时常在酒席上喝得畅快时，就随性唱道：“隐居在世俗中，避世在金马门。宫殿里可以隐居起来，保全自身，何必隐居在深山之中，茅舍里面。”

我在宫中也可以隐居！

能言善辩

建元三年（前 138 年），汉武帝常以平阳侯的身份狩猎游玩。后来他萌生了修建上林苑的想法，东方朔向汉武帝谏言，上林苑所在的地方物产富饶、地势险要，如果修林苑，则是不恤农时，非富国强民之计。

皇上，这上林苑不可修建的原因有三，你听我慢慢跟你说……

东方朔还举了殷纣王、楚灵王、秦始皇大兴土木导致天下大乱的例子。汉武帝因此拜东方朔为太中大夫，加给（jǐ）事中之衔，赏赐黄金百斤。这是东方朔终其一生最高的职务。

我就笑笑不说话。
阴阳五行论说，悲伤的情绪对身体寿命不好，酒是最好的消愁之物。

一天，一只形似麋鹿的动物误入建章宫后阁，可没人知道这是什么动物。汉武帝下诏叫来东方朔，东方朔说，“赐我美酒好饭让我饱餐一顿，我才说。”汉武帝答应了，他又说，“某处有公田、鱼池和苇塘好几顷，陛下赏赐给我，我才说。”

这叫驺（zōu）牙，远
方应该有前来投诚的
事，所以它才先出现。
???

东方朔晚年临终前，规劝汉武帝说：“《诗经》上说，飞来飞去的苍蝇，落在篱笆上面。慈祥善良的君子，不要听信谗言。谗言没有止境，四方邻国不得安宁。希望皇上远离巧言谄媚的人，斥退他们的谗言。”

营营青蝇，止于樊。岂弟君子，无信谗言。
营营青蝇，止于棘。谗人罔极，交乱四国。
——出自《诗经·小雅》

汉武帝听了又惊奇又感慨，说：“如今回过头来看东方朔，仅仅是善于言谈吗？”不久后，东方朔病逝。古书上说：鸟到临死时，它的叫声特别悲哀；人到临终时，他的言语非常善良。说的就是东方朔这样的人吧。

皇上啊，你听我说……

鸟之将死，其鸣也哀；人之将死，其言也善。

——出自《论语 · 泰伯篇》

谢太史公夸奖。
不流世俗，不争势利，谈话微妙而切中事理，也是能排解纷扰的。

我叫晨晨，

我和思思一起陪你读《史记》。

你好啊，史记

项目策划 | 周国宝

内容编著 | 陈建成

内容统筹 | 龚道军　刘　挺　方明杨　郑梦圆

插图绘制 | 尚祖山　李　轲　王层层　王　瑞

拉页制作 | 赵媛媛　途有其名

封面设计 | 墨离书画

桃李不言，下自成蹊。

《史记·李将军列传》

其身正，不令而行；其身不正，虽令不从。

《史记·李将军列传》

兴必虑衰，安必思危。

《史记·司马相如列